第三方信用机构发展与变革

关　伟　袁星煜　周泽伽◎著

Development and reform
of third party credit institution

中央编译出版社
CCTP Central Compilation & Translation Press

图书在版编目（CIP）数据

第三方信用机构发展与变革／关伟，袁星煜，
周泽伽著．—北京：中央编译出版社，2017.12
ISBN 978-7-5117-3489-1

Ⅰ．①第…
Ⅱ．①关…②袁…③周…
Ⅲ．①信贷管理—组织机构—发展—研究—中国
Ⅳ．① F832.4

中国版本图书馆 CIP 数据核字（2017）第 317535 号

第三方信用机构发展与变革

出 版 人：葛海彦
出版统筹：贾宇琰
责任编辑：谭 伟
责任印制：刘 慧
出版发行：中央编译出版社
地　　址：北京西城区车公庄大街乙 5 号鸿儒大厦 B 座（100044）
电　　话：（010）52612345（总编室）　（010）52612349（编辑室）
（010）52612316（发行部）　（010）52612346（馆配部）
传　　真：（010）66515838
经　　销：全国新华书店
印　　刷：三河市华东印刷有限公司
开　　本：710 毫米×1000 毫米 1/16
字　　数：206 千字
印　　张：13
版　　次：2017 年 12 月第 1 版
印　　次：2018 年 9 月第 1 次印刷
定　　价：45.00 元

网　　址：www.cctphome.com　**邮　　箱**：cctp@cctphome.com
新浪微博：@中央编译出版社　**微　　信**：中央编译出版社(ID: cctphome)
淘宝店铺：中央编译出版社直销店(http://shop108367160.taobao.com)(010)55626985

目 录
CONTENTS

第一章

新时代新趋势新格局

伴随着中国改革开放、社会主义市场经济体制的建立，中国特色社会主义建设的进程迈入新时代。新时代中国特色社会主义现代经济体系正在形成。第三方组织机构业已成为社会发展和市场经济体制建设的中介或媒介，在社会信用体系建设中社会和市场对第三方监管、服务、评价等需求不断提升。通过第三方的经营服务活动，可以消除交易各方的信息不对称，保障交易的安全，在成熟的社会关系和经济市场中，使得关系和交易结构能够正常进行。

积极推进并加强第三方组织机构的作用，是形成良好的社会秩序，逐步完善社会主义市场经济的必然要求。在中国特色信用研究和学科建设新征程中，积极对第三方组织机构特别是第三方信用机构的发展实践及现状进行总结梳理、分析研究和理论概括具有重要的现实意义和理论价值。

第一节　中国特色社会主义经济发展新时代

1978 年，改革开放为我国市场经济的发展拉开序幕，从此我国社会主义市场经济发展的“火车头”开始启动。1992 年，邓小平同志南方讲话提出了以经济建设为中心的基本路线，对我国 20 世纪 90 年代的经济改革与社会进步起到了关键性的推动作用。党的十四届三中全会通过《关于建立社会主义市场经济体制若干问题的决议》，建立了社会主义市场经济体制的基本理论框架，社会主义市场经济理论基本形成。党的十五大确立了以公有制为主体，多种所有制共同发展是我国社会主义初级阶段的基本经济体制。党的十六大提出，要更大程度发挥市场在资源配置中的作用，进一步加快了社会主义市场经济的发展。党的十八届三中全会提出，要使市场在资源配置中起决定性作用，加快我国全面建成小康社会，实现“中国梦”。此时我国经济发展已经进入重要战略时期。

2014年5月，习近平总书记在河南考察时提出了“新常态”，认为我国经济发展已经呈现出阶段性特征，国家在发展过程中应当保持平常心。所谓“新常态”目前存在三种释义：第一种观点认为，经济新常态就是经济结构的对称态，在经济结构对称态基础上的经济可持续发展，这种观点强调的是调结构稳增长的经济，而不是总量经济；第二种观点认为，新常态即正常态，经济新常态，指经过一段不正常状态后重新恢复正常状态，认为贯穿在常态－非常态－新常态中的主线，是事物的本质与规律，而经济新常态是人类经济发展肯定－否定－否定之否定波浪式前进的成果，是螺旋式上升的结晶；第三种观点属于发展范畴，认为经济新常态不是不需要GDP，而是不需要GDP增长方式；不是不需要增长，而是把GDP增长放在发展模式中定位，使GDP增长成为再生型增长方式、生产力发展模式的组成部分。总结我国的新常态发展可以发现，中国经济新常态包含着经济朝向形态更高级、分工更细致、结构更合理的高级阶段演化的积极内容。这些趋势性变化，既是新常态的外在特征，又是其内在动因。“新常态”标志着中国经济迈上了新的台阶：意味着我们对投资驱动和出口驱动增长方式的摆脱；意味着对质量、效益、创新、生态文明和可持续发展的追求。简言之，“新常态”意味着中国经济“浴火重生”。

中国市场经济发展从改革开放至21世纪经历了质的飞跃，并在2017年从“新常态”向“新经济”时代转变。“新经济”概念由党的十九大提出，基于我国市场经济的快速发展，我国社会主要矛盾已经转化为人民日益增长的美好生活需要和不平衡不充分的发展之间的矛盾。针对新矛盾，党中央提出了新时代新经济发展的新要求，“新经济发展要求”折射出我国市场经济发展的新方向。总体而言，“新时代”赋予了我国市场经济发展新的含义，是对我国目前的经济发展问题的准确判断和对全球经济发展趋势的深刻总结，意味着我国市场经济已由高速增长阶段转向高质量发展阶段，正处在转变发展方式、优化经济结构、转换增长动力的攻关期。十九大为中国未来经济的发展绘制了宏伟蓝图，注入了新的发展动力。

伴随着我国国民经济和社会主义市场经济的建立和不断完善，以及社会主义市场经济的迅猛发展，我国各种中介组织机构也不断涌现。虽然我国中介组织机构不同于西方国家所指的政府 NGO 组织，但是这些组织发展至今已经成为我国社会信用体系建设的重要构成部分，在社会市场经济中承担着重要的责任。

第二节　中国社会信用体系建设新趋势

我国的社会信用体系建设真正启动是在 2003 年前后。2002 年 11 月的十六大报告、2003 年 10 月的十六届三中全会，两次提到社会信用体系建设，表明社会信用体系建设得到了党中央、国务院的高度重视与密切关注。"十一五"规划提出，以完善信贷、纳税、合同履约、产品质量的信用记录为重点，加快建设社会信用体系。党的十七届六中全会进一步完善到"把诚信建设摆在突出位置，大力推进政务诚信、商务诚信、社会诚信和司法公信建设，抓紧建立健全覆盖全社会的征信系统，加大对失信行为惩戒力度，在全社会广泛形成守信光荣、失信可耻的氛围"。根据党的十八大提出的"加强政务诚信、商务诚信、社会诚信和司法公信建设"、党的十八届三中全会通过的"建立健全社会征信体系，褒扬诚信，惩戒失信"、《中共中央国务院关于加强和创新社会管理的意见》提出的"建立健全社会诚信制度"及《中华人民共和国国民经济和社会发展第十二个五年规划纲要》提出的"加快社会信用体系建设"的总体要求，制定了《社会信用体系建设规划纲要（2014—2020 年）》（以下简称《纲要》）。

2017 年国家发改委出台的社会信用领域规范性文件——《关于加强和规范守信联合激励和失信联合惩戒对象名单管理工作的指导意见》，对联合奖惩对象名单的认定标准、红黑名单的认定程序、信息共享、联合奖惩办法、信用修复机制、警示机制、退出机制及权益保护等都作出了明确的规定，为信用立法提供了实践依据。

在信用立法方面，2017 年，我国迈出了实质性的步伐，《信用法》和《公共信用信息管理条例》均已在广泛征求意见。湖北、上海、河北和浙江 4 省市先后出台了地方性信用法规，如《湖北省社会信用信息管理条例》《上海市社会信用条例》等。另外，最高人民法院、海关总署、证监会、住房城乡建设部、统计局、铁路总公司及民政部等都在全面推进国家信用立法工作的进程。

（一）社会信用体系建设重点领域

《纲要》要求，必须全面推进重点领域诚信建设。自《纲要》发布以来，国家及政府积极贯彻落实，政府作为行政主体坚持依法行政，积极发挥示范作用。政府官员的选拔，尤其是公务员的任免，必须遵守诚实诚信原则。政府部门的任何一员都应该以身作则，通过自身的守信践诺，给社会树立榜样，起到模范带头作用。

除政府机构等部门外，其他相关领域也要深入推进诚信建设。《纲要》中特别强调的商务、社会，以及司法公信三大环节的建设。商务领域强调保证生产安全和产品质量、促进商贸流通企业诚信经营、防止金融欺诈、鼓励纳税人积极交税等，涉及14个重点行业。而司法公信领域的诚信建设是信用建设的一块基石，只有法律的公信力能维护社会的公平正义。司法公信的存在为执法机关的工作顺利进行打下了基础，为诚实守信的企业和个人织起一张保护网，而失信违约的个体只能接受法律的制裁。

社会领域侧重于对社会个体的保护，通过完善社会保障、优化就业结构、强化企业及其从业人员的诚信管理、改善医疗科教条件等措施，尽可能全方位地照顾到社会各个群体的利益，以保证社会信用环境和谐稳定。社会领域的信用建设中，自然人信用建设的地位可谓重中之重，推进个人征信市场的发展不仅有助于金融风控体系发展，也符合国家对诚信建设的要求。个人征信市场的发展除了需要借助央行的力量之外，民营征信机构也是不可或缺的。

从《纲要》的重点内容中不难看出，社会普遍希望通过完善市场准入和退出机制，以此来规范各个行业，使其平稳有序的发展，加大失信惩戒力度更是有助于敲响警钟，让更多人意识到失信的严重性和诚信的重要性。

（二）社会信用体系建设的新思路

除了重点项目的全面推进以外，社会信用体系建设也少不了其他环节的辅助。社会信用体系建设的要求是，以政府为核心，以“政府推动、社会共建”为主线，建立健全法律法规，统筹布局，逐步将规划内容实施到位，引导社会共同打造重点项目。社会信用体系的建设非一日之功，想要未来的路好走一点，现在就必须打好基础，具体的方向《纲要》已经给出，分为三个要点。

第一，加强诚信教育与诚信文化建设。诚信是社会主义核心价值观之一，通过完善公民的诚信教育，保证社会信用人才能够学以致用，社会信用体系建设的长久目标才能得以实现。

第二，加快推进信用信息系统建设和应用。以（国务院国资委）商业信用中心信用信息系统平台、“信用中国”等信用信息共享平台为核心的信用系统、各行各业的信用记录、征信机构等的征信系统建设，目前正处于快速发展阶段。此外，《纲要》还要求建立健全信用行业规范，地区、部门必须建立实施支撑体系等。

第三，完善以奖惩制度为重点的社会信用体系运行机制。在《纲要》颁布的两年多时间里，社会信用体系建设步入正轨，全国信用信息共享平台自建成以来的累积访问量超 1.3 亿人次；工行拒绝贷款总额达 68.1 亿元以上，66.73 万元以上。同时，税务部门消息显示，2016 年全国各类金融机构向诚信纳税企业发放贷款总额 1548.7 亿元，增长了 54.7%。从这些不完全的数据中，可以看出，诚信建设对金融活动和对居民生活的影响，通过约束惩罚失信个体，为诚信个体提供便利服务的方式，能带动整个社会养成守信的习惯。到 2020 年，我们不仅要完成《纲要》中规定的具体事宜，还要让“信用”深深扎根于每个社会人的内心。

（三）信用体系建设新力量——第三方机构

《纲要》中明确要求，要鼓励和调动社会力量，广泛参与，共同推进，形成社会信用体系建设合力。“培育和规范信用服务市场，发展各类信用服务机构，逐步建立公共信用服务机构和社会信用服务机构互为补充、信用信息基础服务和增值服务相辅相成的多层次、全方位的信用服务组织体系。”“政企合作”共同推进社会信用体系建设的脚步逐渐加快，配合协作逐渐密切。

作为信用建设中的一股专业力量，第三方信用服务机构参与越来越深入，正在发挥着不可替代的作用。加快信用建设，提升全社会信用水平，必须充分发挥第三方信用服务机构的作用，采取政府部门与社会信用服务机构合作的方式，引入第三方信用服务机构直接参与重点行业信用建设和信用监管。同时通过合作为第三方信用服务机构创造需求，发挥第三方信用服务机构对全社会信用建设的推动、约束、激励作用。政府部门与第三方信用服务机构合作，共同推进社会信用体系建设。

2016年，国家发改委签署《关于落实联合奖惩措施的合作备忘录》（以下简称《备忘录》）。根据该《备忘录》，依托全国信用信息共享平台，围绕联合奖惩“红黑名单”等信用信息进行共享，并建立企业诚信评价体系，对企业诚信风险、信用风险分别进行评价。同时，第三方机构依据相关法律法规及监管要求，适时将归集的守信或失信名单与全国信用信息共享平台共享，并及时向国家发改委反馈奖惩成效。

第三方机构与政府信息共享的渠道正在迅速拓宽，信息共享正在全方位铺开。除了直接向信用信息共享平台提供信息，第三方信用服务机构在与地方政府及行业的信息共享上也加快了脚步。例如，大公国际与江苏宿迁市政府合作，侧重政府信用信息交换共享，并采取多场景应用，使得宿迁市信用体系建设的落地性、执行性更强；中国诚信信用管理股份有限公司（以下简称“中诚信”）承担开发江苏泰州企业征信融资平台，消除信息壁垒和信息不对称的现象，为政银企三方提供便捷金融服务；BBD（成都数联铭品科技有限公司）参与了安徽芜湖政府主导的“大数据信用贷”工作；辰泰科技有限公司参与全国海关信息中心“信用信息”技术合作；凭安信用以政企合作的模式成为国家工商总局《全国网络交易平台监管服务系统》的研发、建设和运营单位，实现了政府监管大数据与工商系统大数据的融合，并已经为广西、江西、四川、内蒙古等省市、自治区提供了基于总局系统的本地化数据服务。此类尝试正变得越来越多。

引入第三方信用服务机构参与行业信用建设和信用监管，是一项从我国国情出发的尝试和探索，旨在充分发挥社会化信用服务机构的作用，推动重点行业信用建设；加快建立和完善市场主体信用记录，迅速实现对市场信用记录的全覆盖。

2017年4月13日，国家发改委办公厅印发《关于开展行政许可和行政处罚等信用信息公开工作第三方评估的通知》（以下简称《通知》），旨在全面、客观、准确评估行政许可和行政处罚等信用信息公示工作。《通知》明确表示，开展“双公示”工作第三方评估也是建立“双公示”工作长效机制的重要抓手，探索引入信用服务机构参与社会信用体系建设的重要载体，对于有效落实“双公示”工作要求，在更广范围吸引社会专业力量共建社会信用体系具有重要意义。

数据安全不断被强调。在技术不断高速发展的当下，数据安全的“矛”与“盾”也在不断高速发展，没有持续的高投入进行保障，很难在技术层面具有持续确保数据安全的能力。在政策层面，加快信用信息法律体系建设。除了企业自身需在经营理念、公司制度、安全技术、数据使用及安全制度等方面多管齐下外，重视人才、加大投入、持续投入也非常必要。在大数据时代，由于各种大数据系统发展变化快、应用场景广，大数据在技术、管理和运营等方面面临着诸多严峻威胁和挑战。要保障数据安全：在宏观层面，要健全数据安全相关法规；在操作层面，要持续稳定的投入，以及对优秀可靠的团队和一流的设施加以维护。

第三节　中国特色“大信用”研究和学科建设新格局

中国特色“大信用”研究基于学习借鉴发达市场经济相关学科理论原理和机制与改革开放中国特色社会主义市场经济的丰富实践进程，在不断深化认识，不断探索实践，“实践－认识－再实践－再认识”的过程中逐渐形成中国特色“大信用”学科建设。

信用经济学基础理论研究主要集中在两个领域：一是，关于信用工具研制、投放和流通的理论，经济学家在这个领域的研究古而有之，又在20世纪形成了若干学派；二是，关于信用信息对市场交易的影响，这个领域的研究指向了信用经济学的核心，但依然处于“外围”。

我国信用理论的引进和研究始于20世纪90年代。[①] 2000年4月，上海财经大学出版社出版了骆玉鼎的《信用经济中的金融控制》。他从货币银行学角度研究信用经济问题。孙智英从政治经济学角度研究信用和信用经济问题。2002年8月，中国城市出版社出版了她的《信用问题的经济学分析》。吴晶妹研究信用

① 林钧跃：《社会信用体系的传承脉络与创新》，载《征信》2012年第1期，第1－12页。

投放和经济增长之间的关系问题。2002 年 11 月，中国金融出版社出版了她的《现代信用学》。她持之以恒研究信用经济问题，并探索信用的本质、信用度量、信用供给、信用产业链问题，形成了她的“三维信用理论”。《现代信用学》于 2009 年再版。

微观信用理论方面，西方的信息经济学是它的重要理论基础。20 世纪 70 年代，信息经济学的发展趋于成熟，当时有大量信息经济的论著问世。例如，美国霍罗威茨的《信息经济学》、英国威尔金森的《信息经济学——计算成本和收益的标准》、日本曾田米二的《情报经济学》等。1996 年度诺贝尔经济学奖授予了英国剑桥大学的詹姆斯·莫里斯教授和美国哥伦比亚大学的威廉·维克里教授，以表彰他们对信息经济学研究做出的贡献。2001 年，研究信息经济学的经济学家再度荣获诺贝尔经济学奖。三位美国经济学家——乔治·阿克尔洛夫、迈克尔·史宾斯、约瑟夫·斯蒂格利茨获奖，以表彰他们从 20 世纪 70 年代开始的在“使用不对称信息进行市场分析”方面所做出的重要贡献，他们的理论还构成了现代信息经济学的核心。早在 1970 年，美国经济学家乔治·阿克尔洛夫发表了《柠檬市场：质量不确定和市场机制》，成为研究“信息不对称理论”的最经典理论之一，开创了“逆向选择理论”研究的先河。他阐明了这样一个事实，即卖方能向买方推销低质量商品等现象的存在，是因为市场双方各自掌握的信息不对称。信息失衡甚至可能使劣质的二手车挤掉优质车市场。史宾斯则揭示人们应如何利用所掌握的更多信息来谋取更大利益。斯蒂格利茨为掌握信息较少的市场方如何进行市场调整提供了相关理论。

（一）中国特色社会信用体系概念不断深化

近 40 年来，中国经济取得举世瞩目的高速增长，步入了“信用经济时代”。信用是市场经济的基石和灵魂，信用的作用在信用经济时代的市场上尤其明显。近几年，市场上的信用交易比例不断增大，信用工具投放呈指数倍增长，信用交易规模上升到万亿元量级。与此同时，信用投放带来的信用风险也急剧膨胀，经济失信问题严重上升至政治高度，社会急欲重建诚信道德标准。原有的适合于现金交易的市场规则和环境已经不再适用，需要建立起既能使信用交易规模扩大，又能取得高信用交易成功率的市场软环境，因此需要有一种新理论和新方法来解决上述信用经济和诚信道德问题。社会信用体系理论就是顺应这一经济阶段而形成的应用型理论，它的核心内容是指导中国的企业信用制度、个人信用制度和政府守信制度的设计，解决信用信息对称性问题的基础设施设计和布局，以及提出失信惩戒机制的施工方法和运行原理。

社会信用体系理论是很具中国特色的理论，在世界上任何国家都没有前例。从发达国家相关市场实践的狭义角度看，社会信用体系更像是在建设“大征信体系”，只是中国将征信体系及其适合它运行的市场软环境一齐建设，这样做能够提高建设征信体系的速度，提高征信系统的运行效率。

社会信用体系概念是在1999年提出的，这在当时是很有前瞻性的。1999年10月，中国社会科学院世界经济与政治研究所建立了“建立国家信用管理体系课题”，这是中国最早研究建立社会信用体系问题的课题。正是这个课题提出了社会信用体系概念，描绘了它的设计框架和运行原理。在课题研究报告《国家信用管理体系》中，课题组提出了中国建立大征信系统的新模式。之后，我国社会信用体系的研究逐渐深入，在信用体系的原理经济信用学、城市信用建设、企业信用、金融机构信用等领域持续深耕、探索，如中国人民大学信用管理研究中心和各方学者一道参与审定的《纲要》。

专家学者对城市信用体系理论研究始于2002年。2003年7月，中国市场学会信用工作委员会和温州市政府联合编纂了《城市信用体系建设文集》，由中国长安出版社出版发行。研究城市信用体系的论著通常有两类：一类是技术性的，通常给出城市信用体系的子系统设计、切入方法、规划技术、组织管理、法律和标准配套等，以及运行方法等；另一类是论述城市信用经济的发展和诚信道德建立。这个领域中陆续出版了一些有影响的著作，如林钧跃和吴晶妹合著的《城市信用体系设计》，该书在2007年5月由中国方正出版社出版；阮德信的《区域信用制度研究》，该书在2008年11月由江西人民出版社出版。另外，一些论文和文集提供了对城市或区域信用体系的研究，如2009年由湖南大学出版社出版的《社会信用体系建设的理论与实践——信用经济与信用体系建设国际高峰论坛论文集》，张强和黄卫东主编。2017年，国家发展改革委办公厅、中国人民银行办公厅印发《关于印发首批社会信用体系建设示范城市名单的通知》（发改办财金〔2017〕2158号），明确杭州市、南京市、厦门市、成都市、苏州市、宿迁市、惠州市、温州市、威海市、潍坊市、义乌市、荣成市12个城市为首批社会信用体系建设示范城市。

社会信用体系的理论基础逐步完善成型，城市信用等领域的探索不断深化，经济社会信用实践不断丰富。

但是，社会信用体系理论还有若干方面有待提高与完善，还存在有待填补的理论空白点。在社会信用体系核心理论部分，鉴于市场联防机制的建设工作还没有启动，市场联防机制还停留在设计上，缺乏这方面基础设施建设和系统运行的经验，因此失信惩戒机制的运行理论远未完善。另外，中国建立社会信用体系的模式有待形成，这将是对社会信用体系理论上的抽象和提高。

（二）我国信用学科体系与教学研究逐步完善

中国人民大学、上海财经大学经教育部批准，设立首批本科信用管理专业，并于2002年招收学生。作为国内国际首次设立的本科专业，该专业的教学、科研没有现成的道路可循，在学科理论体系、学生培养方案等各方面都需要摸索。中国人民大学信用管理专业依托中国人民大学财政金融学院金融学科的优势，积极发扬锐意创新意识，在学科建设各方面进行不断试验探索，形成了较系统的教学体系与人才培养方案，并陆续编写出版了课程的系列教材，并在（国资委）商业信用中心等单位建立了专业的实习基地。

信用管理专业建立在信用文化的基础之上，是深深植根于社会背景、历史文明之中的，并且与社会、经济发展密切相关。我国的信用管理学科发展应当充分考虑我国的文化传统及独特的国情。毋庸讳言，信用管理实践发展与原理起源于西方国家，目前已经形成较为完善的体系与方法。这对我国信用管理学科的发展提供了重要的参考。中国人民大学信用管理学科的建设依托学校优势的人文社科基础，既有周升业、王克华等与新中国共同成长的老一辈学者，又有朱毅峰等经历见证了改革开放的学者，更有陈雨露、吴晶妹、林钧跃等了解西方信用管理体系、熟悉先进理论方法的新一代学人。三代学者共同努力，发展形成了兼容并蓄、立足本土、适合国情的信用管理学科建设体系。

中国人民大学出版社的《信用管理学》《资信评级》《银行信用风险管理》《信用风险分析与度量》等信用管理专业第一套教材在2006年正式出版。其中，朱毅峰、吴晶妹的《信用管理学》获得了北京市高等教育精品教材建设立项项目；朱毅峰、吴晶妹、宋玮的《银行信用风险管理》、洪玫的《资信评估》为普通高等教育“十一五”国家级规划教材。这套教材的完成标志着信用管理专业在中国人民大学的建立和完善。作为国内首套适用于信用管理本科专业的系列教材，它的出版首次为国内信用管理专业高等教育提供了教材范例和教学参考，得到了广泛的认可和赞誉。

自2006年第一版系列教材出版以来，为适应信用管理行业和专业教学发展要求，中国人民大学信用管理专业教学科研团队一方面对已出版的教材进行修订和再版，另一方面继续编著新教材。《信用管理学》《银行信用风险管理》已经再版；林钧跃主编的《征信技术基础》、关伟主编的《企业信用管理》分别于2007年、2009年由中国人民大学出版社出版；吴晶妹再版修订的《现代信用学》也于2009年出版。十八大以来，社会信用体系建设不断推进，社会实践探索越来越丰富。新时代背景下中国信用管理学科建设也在踔急步稳，砥砺前行。高等教育出版社2015年出版的《信用管理学》（吴晶妹、韩家平）、《信用经济学》（吴晶妹、林钧跃）、《金融机构信用管理》（关伟）、《企业信用管理》（魏文静）、《消费者信用管理》（唐明琴、林钧跃）、《信用风险度量》（魏丽、满博宁）、《征信理论与实务》（叶谦、常胜）、《信用评级》（刘定平、钟用）作为开创性的全国首套高校信用管理专业统编系列教材，汇集了来自全国近20所高校几十位教师的教学研究成果，和来自信用管理业界十几位专家的从业经验，力争引领新潮流，满足新需要，反映新成果，跨入新时代。

近年来，全国陆续开设信用管理专业的高校近25所。北京大学中国信用研究中心、中国人民大学信用管理研究中心等相关研究机构不断涌现。以高校及相关部委研究机构为主的科研教学力量，学科建设和人才培养体系组成的“大信用”格局正在形成。

第二章

第三方及其组织机构范畴的界定与探讨

第一节　第三方及其组织机构

（一）第三方及其组织机构的相关研究

目前，我国专家学者对第三方组织机构研究主要集中在以下几个不同的领域，如研究中介系统结构、中介组织经济发展、中介组织管理和信用评级机构等，本书梳理了其中具有代表性的研究。

应思思 2016 年基于经济系统结构研究了中介系统及对我国社会经济发展的影响。文中的中介系统（昝廷全，2002）指具有连通性的，能够为经济元间物质、能量和信息等广义资源的流动提供渠道的网络系统，如特路网、电报网、互联网、无线通讯网络和金融网络等。中介系统是经济系统发展的支撑和平台，其发展对经济系统的现在和未来发展都具有根本的影响。研究围绕中介系统展开，建立内生中介系统的经济系统模型，在模型中描述资源环境变化时中介系统的演进过程，并尝试探索了中介系统影响产业组织变革的过程。①

原毅军和董坤（2014）的《经济中介组织发展研究》，对中介组织做出了明确而合理的定义。他们认为在现代市场经济条件下，经济中介组织的发展水平标志着市场体系发育的成熟程度和经济系统的运行效率，但是在中国的经济结构尤其是产业结构中，职业化的经济中介服务业所占比重过低。在第三产业

① 应思思：《经济系统的结构：中介系统及其影响研究》，知识产权出版社 2016 年版。

中，经济中介组织起着沟通其他产业，加快信息、劳动、知识、技术和物质资源在产业之间的流动作用，经济中介组织发展滞后，对其他产业的发展甚至整个经济的运行都会造成瓶颈性制约。经济中介组织作为交易双方的代理人在信息上处于有利地位，在缺乏足够的外部约束的情况下，有从事寻租行为的激励，由此引发的代理成本在较大程度上抵消了他们所节约的交易成本，降低了经济中介服务的价值，进而影响消费者对经济中介服务的需求。所以应当实施进入规制，在降低行政性进入壁垒的前提下，提高经济性进入壁垒，积极推动横向兼并，培育具有核心竞争力的大型经济中介组织以提高经济中介服务业的综合竞争实力。①

陈德权（2010）在《社会中介组织管理概论》中研究了社会中介组织管理涉及的多个层面。他认为，社会中介组织的发展对我国社会经济的发展作用日益显著，但是我国的中介组织主要还是伴随着社会主义市场经济和政府机构改革而发展起来的。整体而言，社会中介组织的管理原则应当遵循社会中介组织发展的内在规律。在变革的时代，人们对于社会中介组织的管理和改革具有矛盾的心态。② 郭培勋 2009 年基于招投标行业的发展著有《中介组织理论与务实》一书。他认为，招投标行业是中介组织的一支主力军，并逐步得到社会各界的认可，发展趋势明显。他在书中研究了齐信招标有限公司的发展，总结该公司的成功管理经验，探索了招投标行业发展的未来趋势，最终形成了中介机构的基本理论框架。③

方添智（2012）研究了中介机构组织的典型机构——信用评级机构，主要以美国信用评级机构间的利益冲突为例对我国信用评级利益冲突规制进行了深入的研究。信用评级作为一种金融信息中介服务，作为资本市场的“看门人”(Gate - keeper)，信用评级机构通过独立、专业化的信息搜集和分析活动，在减少市场信息不对称和提高市场效率方面发挥着重要的作用。但是作者进一步论述了我们应该认识到信用评级是一把双刃剑，虽然准确的评级能够纠正市场信

① 原毅军，董坤：《经济中介组织发展研究》，科学出版社 2014 年版。
② 陈德权：《社会中介组织管理概论》，东北大学出版社 2010 年版。
③ 郭培勋：《中介组织理论与务实——中介组织发展模式》，山东人民出版社 2009 年版。

息不对称，提高市场效率和监管效率，但是不实的评级不仅不能真实反映被评对象的信用状况，而且可能给市场造成严重的打击，如2008年美国的次贷危机。在评级机构发展的早期，市场自律发挥了极大的规制作用，但是作为一种利益驱动的自我约束机制，市场自律仍然具有局限性，美国次贷危机就是市场自律失灵的重要表现，说明利益冲突直接破坏了信用评级的中立性，进而影响了信用评级的准确性，作者在书中专门对中介组织的利益冲突进行了分析。①

第三方通常指两个相互联系的主体之外的某个客体，一般指合同关系双方的两个主体之外相对独立的、有一定公正性的第三主体。用变量分析方法可以表示为：如果自变量 X 通过某一特定变量 M 对因变量 Y 产生一定的影响，则称 M 为 X 和 Y 的中间变量，在 X 和 Y 之间起中介的作用，在化学反应中则是起到了催化剂的作用。在资本市场上，专家和学者普遍沿用了“中介”的概念，但是在社会信用研究领域，专家学者更倾向于沿用“第三方”的称谓，本书引用后者的观点。Davis（1985）曾提及好的第三方具有相对不稳定的特征，它的职能主要是从促成双方交易出发，以完成交易并收取佣金为基本目标，该类机构不会对某一方有所偏爱，只是从中间人的立场来处理双方可能产生的争议。

（二）第三方机构的相关理论

第三方机构“信用媒介”理论创始于18世纪中后期，盛行于19世纪前半期，这个时期正是资本主义发展的上升阶段，其主要代表人物有亚当·斯密、大卫·李嘉图和约翰·穆勒等。亚当·斯密1776年出版《国民财富的性质和原因的研究》一书时，英国的工业革命刚开始。当时亚当·斯密非常推崇银行的作用，认为银行为产业发展提供重要的信用媒介。信用发展至今，已不再简单指议银行信用，已经逐渐发展至社会信用，社会信用则包含了中介信用，下文主要展示西方国家的中介组织对于社会信用或经济发展影响的研究。

理查德森（1972）从企业能力的角度，区分了“相似性活动”（similar activities）和“互补性活动”（supplementary activities），从而为网络组织的存在奠定了理论基础。他认为，企业倾向于从事与自身能力相适应的活动，即“相似

① 方添智：《信用评级利益冲突规制研究——以美国为中心的研究与借鉴》，中国商务出版社2012年版。

性活动”，但是企业所从事的只是某种分工活动，这种分工不是孤立的，而是社会经济活动价值链中的一环，因此，企业间的活动是互补的。互补性活动的协调既不能全部由一个企业承担，也不可能完全通过执行平衡供给和需求功能的市场来承担，而必须由企业之间的合作来承担。理查德森还认为，在企业协调方面，为了获得和保有资源，企业必须与外部环境有交互作用，所以企业之间存在一种“联结经济性”，这意味着企业之间的活动需要复杂多样的制度安排。实际上，企业也呈现集群化的发展趋势，许多中介组织提供了越来越优质的服务。从成本交易理论来看，以评级机构为例，Strahan 和 Kisgen（2011）通过实证研究发现，提高一个评级层次（notch）可使被评级方的融资成本减少 42 个基点（a basic point）。①

在金融中介方面，Scholtens 和 Wensvean（1999）集中论证了金融中介机构的演变，其主要的观点是：一是，传统银行业的资产份额相对于其他金融中介的资产份额而言有所萎缩，但通过开展其他业务，银行资产相对于 GDP 的贡献并没有减少，银行也没有消失。二是，所有的金融中介，包括银行，都在从事着风险管理，银行、保险公司的本源就在于风险转换和风险管理。如果有变化，只在于管理风险的方式有些变化。三是金融中介理论需要对金融创新的动态过程进行理解和认识，以充分说明当前金融部门在全球范围内发生了变化。② 1999 年，理查德·赫林和安东尼·桑托莫罗共同撰写了《经济发展中金融部门的作用》，重点研究了金融中介发展中的不确定性。他们认为，金融中介与其他企业的不同之处在于其平衡表中真实资产的份额相对而言非常小，对真实经济的直接影响也相对小一些；但是金融中介机构对经济发展的间接影响非常大，也非常重要。有效的金融中介能够降低成本，降低生产和交易产品的风险，从而为国家经济发展和人们生活水平质量的提高起到了重要作用。同年，艾伦和桑托莫罗在另外一篇文章中进一步论述了“金融中介是做什么么的?”他们从金融中介

① Christian C. opp, Marcus M. opp, Milton Harris. Rating Agency in the Face of Regulation Rating Inflation and Regulatory Arbitrage [EB/OL]: http: //papers. Ssrn. com/ sol3/ papers. cfm? abstract_ id = 1540099, 2011 - 07 - 18.

② Bert. Scholten & Dick Van Wensveen, A Critique on the Theory of Financial Intermediation, Journal of Banking & Finance, 1999: 24 - 8.

为投资者提供风险管理的角度，探讨了金融中介的作用。他们在分析了五个国家（美国、英国、德国、法国、日本）的金融中介和资本市场发展现状的基础上，对各国金融中介发挥作用的不同及原因进行了对比分析。① 他们认为，不同国家资本市场的发展状况不同，所以银行或其他存款机构所承受的来自于市场的竞争压力会有所不同，金融中介的演进构成了其所依存的金融市场和这个市场中正在加速的竞争发展的一部分内容。这一观点推广至我国市场经济中的所有中介机构仍旧成立。

价值链理论认为，第三方机构之所以有发展的空间，这与自由和多元价值中的作用有着密切的关系。第三方机构往往有能力在被政府忽略的领域发现新的需要，找到相关服务的较好的途径。经济中介组织存在的价值源自它所节约的交易成本，市场交易的全过程可以分为收集信息、缔约、监督、执行四个阶段。不同类型的经济中介组织参与交易的阶段和程度不同，如房产中介几乎参与了房地产交易的全过程；咨询类中介主要参与信息收集阶段；经济鉴证类中介组织主要参与监督过程等。虽然不同经济中介组织的中介服务方式千差万别，但我们可以归纳出具有一般意义的经济中介价值链，也就是价值创造过程。

价值链条理论是哈佛大学商学院教授迈克尔·波特于 1985 年提出的。波特认为，“每一个企业都是在设计、生产、销售、发送和辅助其产品的过程中进行种种活动的集合体。所有这些活动可以用一个价值链来表明”②。企业的价值创造是通过一系列活动构成的，这些活动可分为基本活动和辅助活动两类。基本活动包括内部后勤、生产作业、外部后勤、市场和销售、服务等；辅助活动则包括采购、技术开发、人力资源管理和企业基础设施等。这些互不相同但又相互关联的生产经营活动，构成了一个创造价值的动态过程，即价值链。针对任何企业而言，成本管理作为企业管理的一个重要组成部分，不仅给企业的营运带来约制，同时还影响企业与上下游企业间的利益关系。不管是产品的采购还是规划生产、营销与售后服务环节，都包含在企业价值链范畴中，只要其中一

---

① Franklin Allen & Antony Santomero, The Theory of Financial Intermediation, Journal of Banking & Finance , 1997.

② ［美］迈克尔. 波特:《竞争优势》，华夏出版社 2015 年版。

个环节存在问题，必将会给整体企业价值的实现带来影响。企业想要创造价值最大化和获得持久的竞争优势，就必须在一个或几个具有比较优势的战略环节上优化资源配置以及培育核心能力，特别是企业整合内部和外部资源的能力。基于这些原因，企业通常会采取“外包”策略。所谓外包，是指企业内部的生产投入要素（有形要素、知识产权、服务等）转变为从外部供应商处购买，其实质是企业通过战略创新对战略环节予以重新定义，集中有限的资源，建构自己的核心能力，提升核心竞争力。而且，企业的外包活动必须以中介组织为纽带，以节约交易成本，提高经济效益为目的。

第三方管理理论，中介组织是企业协调机制和市场协调机制直接的“第三种协调机制”，这是理查德森在潘罗斯企业成长理论基础上提出的企业之外（市场）、企业内部（科层）的协调机制之外的第三种协调机制——企业间协调机制。因为本书主要描述第三方中介机构发展与变革，所以将用到第三方管理理论。

美国公共政策学者、非营利性组织研究专家塞拉蒙认为，运用市场失灵、政府失灵和合约失灵理论，在对美国的社会现实进行解释时都存在着某种程度的局限性。在塞拉蒙看来，联邦政府更多地依靠大量的第三方机构来实施政府功能，于是出现了“第三方管理”模式（Salamon，1981）。他进而提出“第三方管理理论”（the third - party government）。塞拉蒙认为，在政府失灵和合约失灵理论中，志愿部门往往被视为在政府和市场失灵之后的辅助性衍生物，是由于政府的局限产生的提供公共物品的替代制度，这些观点忽略了非营利部门本身的缺陷（Salamon，1994）。因而，他提出“志愿失灵”（voluntary failure）理论来说明非营利部门的局限性。进而论证了政府支持志愿部门的必要性，志愿部门作为人类服务的提供者会产生“志愿失灵”，而政府可以视为“志愿失灵”之后的衍生性制度。其中“志愿失灵”是指个人或者集体自愿的非政府组织在其志愿活动运作过程中出现种种问题使得志愿活动无法正常进行的现象。主要表现为，一方面志愿团体不断展开行动试图帮助弱势群体，社会各界亦给予一定的关注与支持，但另一方面受助群体仍不能有效地得到帮助或者某一些群体得到过剩的帮助而另一些得不到帮助。总体来说，受助群体得到的收益远小于社会付出的资源。合约失灵由亨利·汉斯曼（Hansmann，1980）提出。他从营利性组织的局限性分析，认为在许多情况下，消费者无法准确地判断厂商承诺提供的商品或服务，这就使得他们往往在最初不能达成最优的契约，即使契约达成，也很难实施契约。由于信息不对称，因此仅仅依靠生产者和消费者之间的合约，难以防止生产者坑害消费者的机会主义行为，这就是汉斯曼的“合约失灵”。虽然塞拉蒙和汉斯曼仅论证了非营利性组织存在的必然性，但是第三方组织包含了非营利性机构，如某些行业协会自律组织，所以该理论用在普遍第三方机构管理仍然成立。

社会冲突理论认为，在我国市场经济对外开放的背景下，行业间利益冲突的管理和防范逐渐成为了监管机构关注的重点。利益冲突有其独特的性质，包括矛盾根源的复杂性、参与行为的非理性和对事件的破坏性。在对待利益冲突的问题上，我们必须公正客观，由此我们通过社会冲突理论来研究利益冲突的理论基础。

马克思的冲突理论是西方现代社会冲突理论的重要渊源之一。乔纳森·特纳认为，社会学中的社会冲突理论发端于马克思，早期社会学发展过程中韦伯和齐美尔都发挥了重要影响。马克思发展出阶级和阶级斗争等冲突理论的关键范畴和概念，并将这些概念应用于解释历史上及其所处时代的社会变迁。马克思强调社会冲突存在的普遍性，但并不认为冲突的行为会随时随地出现。他对阶级社会的社会冲突的论述基于如下命题：“到目前为止的一切社会的历史都是阶级斗争的历史”①。刘易斯·科瑟（Lewis A. Coser）认为，马克思的社会冲突理论涉及以下几个方面。一是，社会冲突斗争的历史具体性。尽管全部人类社会历史都存在着阶级之间的紧张对抗，但对抗的主体在每个历史阶段都不同，如欧洲中世纪农奴和领主、中世纪晚期行会帮与行会师傅、资本主义社会中产业工人与资本家等。在不同历史阶段，斗争双方的人身依附关系和生产资料占有关系也有不同，这些社会总体特征，决定了斗争的形式和内容。二是，社会冲突结构的存在。在物质上的不平等关系使阶级关系处于紧张状态，但并不一定导致事实上的冲突，每一个分化了的社会都有一些潜在的冲突结构存在，这些冲突外显需要一定的条件。三是，阶级意识对社会冲突的群体有重大影响。阶级利益的观念不是一开始就存在，只有在社会结构中处于不同地位的人群，

---

① 马克思、恩格斯：《共产党宣言》，载《列宁全集》第18卷，人民出版社1958年版。

从个体利益的矛盾认识上升为阶级利益矛盾的认识，导致阶级从自在转向自为，阶级斗争从自发上升为自觉。四是，意识形态对社会冲突的影响。异化和主导意识形态通过的虚假表象，对社会冲突发生发展产生控制作用，上层建筑的各种因素在许多情况下也影响历史斗争的进程，许多情况下主要是决定斗争的形式。五是，社会冲突作为社会变革动力。行业利益冲突也是如此，当冲突发展到某一阶段，导致不可调和必须发展至新的行业格局。

乔纳森·特纳试图将马克思的社会冲突理论抽象为一个命题系统。他用七个命题来归纳马克思的社会冲突理论：一是稀缺资源的不平等分配会加剧统治者与被统治者之间基本利益冲突；二是被统治者的集体利益意识会加剧其对现有资源分配方式的合法性的怀疑；三是被统治者现有关系的破坏、异化、被统治者因不满相互沟通、被统治者拥有统一的意识形态，这四种情况会促进被统治者集体利益的形成；四是统治者集体利益失效、剥削加剧或由绝对转为相对、被统治者形成利益领导结构三种情况促进了对分配合法性的怀疑，从而提高了冲突的可能性；五是随着被统治者意识形态的统一和领导结构的发展，统治者和被统治者之间的对抗被推向极端化；六是统治者和被统治者关系越极端，冲突越暴力；七是冲突越暴力，社会变迁程度越大。

相比马克思的冲突理论，韦伯的社会冲突理论是一种非总体化的冲突理论。韦伯的冲突理论着眼于更多种类的利益关系，在经济利益导致的阶级冲突之外，其他类型的社会群体和个人的利益也可能造成社会冲突。韦伯一方面将马克思的社会分层理论从阶级视角扩展为多维度视角，将财富、声望、权威影响都纳入分层体系当中，另一方面对不同类型的权威和现代科层制的分析，拓宽现代社会冲突理论中控制与支配研究的视野。与冲突的经济根源相比，韦伯更强调政治体制和组织相关的冲突与支配关系。社会冲突是围绕权力展开的，是不同类型权力和权力的不同分配引发的对抗，以至帕森斯在早期向美国社会学界引介韦伯的理论时认为韦伯是功能主义者。

达伦多夫则借鉴了马克思的阶级利益和阶级意识的思想，区分了潜在利益（latent interests）与显在利益（manifest interests）、准团体（quasi-group）与利益团体（interests group）。但达伦多夫明显不认可马克思关于存在一个超越个体利益的客观阶级利益的论断。他认为利益是冲突行动者的动机，是压制结构中处于不同地位的个体，他的角色对他行动有潜在的要求，角色利益是潜在的，当这些角色利益被个人意识到，他的行为转化为有意识的行为，此时利益就由潜在转化为显在的了。达伦多夫认为社会冲突的形态表现为两个维度，即冲突的强度（intensity）和烈度（violence）。冲突的强度是参与冲突的团体在冲突中消耗能量的多少和双方卷入冲突的程度，实际是冲突行动的代价问题。冲突行动牵涉个体越多，个体在冲突中付出的代价越大。社会冲突的烈度是指冲突各方为表达敌意而选择的手段，与冲突的强度没有直接联系，主要涉及的是冲突双方采用从和平谈判到暴力对抗一个连续系列的斗争形式展开行动。他认为，社会冲突理论的关键就是研究这些潜在利益如何转化为显在利益的。既然一个压制结构中被压制的群体是既有权威合法性的潜在竞争者，那么他们可以被看作潜在的冲突行动群体，即准群体，这个群体的利益也是潜在的。当潜在利益被群体中的人所认识，组织内部的结构也会发生变化，如明确的领导者、团体规范等的产生，利益群体也就产生了。

（三）第三方组织机构的范畴与作用

基于上述研究，我们认为的第三方组织机构一般是指那些介于政府与企业之间、商品生产者与经营者之间、个人与单位之间，为市场主体提供信息咨询、培训、经纪、法律等各种服务，从事协调、评价、评估、检验、仲裁等活动的机构或组织。市场中介组织的发达程度是市场经济成熟程度的重要标志。经济发达国家或地区由于市场经济成熟，市场中介组织不论是在数量上，还是在类型上都相当丰富。与此同时，第三方组织机构作为公共领域的补充机制，也成为政府职能的重要补充。改革开放以来，我国政府对第三方组织机构的发展予以高度重视，随着政府机构改革，行业管理职能、手段的改变，具有独立经济利益的市场竞争主体逐渐形成。

本书涉及的“第三方”主要沿用了“中介”的概念，在英文中“中介”一词对应“intermediary”或者“medium”，可以解释为中间人、调解人。哲学上，中介（resonance）是一个表示事物相互联系的概念，事物互为中介又联系在一起①，而中介是普遍联系得以实现的联系环节，但是事物对立的双方相互渗透

① 底谓：《万物中介律》，上海人民出版社 2013 年版。

并不断发生变化，期间发生的相互作用和变化又由中介在事物间进行传递，因此可见，转化是中介的本质。①

在市场经济中引入第三方机构的目的是为了确保交易的公平、公正，避免纠纷和欺诈，许多社会科学研究工作者对中介组织机构的作用都非常感兴趣（Baron & Kenny，1986；Iacobucci，2001；James & Brett，1984；Breckler，1990；Mackinnon et al.，2002），但是 Baron 和 Kenny（1986）最早使用 Z 检验方法，通过建立方程组来检验第三方作用，表明两个相互联系的主体之外存在第三个主体，则他们之间存在直接效应和中介效应。此处的中介效用指的是第三方效应，第三方效应又包含了完全第三方效应和部分第三方效应，由此检验第三方的存在对自变量和因变量影响的大小，我们可以通过因果关系的语句来解释第三方的作用，如“X 通过 M 影响 Y”，或者更为明确地说“X 影响 M，而 M 又影响 Y”。随后，Pearl 和 Iacobucci（2001）在此研究基础上进行了改进和创新，分别利用非有向循环图和结构方程模型（SEM）来解释中介作用，认为通过合理的模型能够更加准确地解释中介对主客体之间的因果关系的作用。②

我们在研究第三方作用时会碰到类似 $X \to M_1 \to Y$ 或 $X \to M_1 \to M_2 \to Y$ 这种单链或者复式链的延展性关系，或者碰到 $X \to M_1 \to Y$ 和 $X \to M_1 \to M_2 \to Y$ 这种多元路径，因此我们将主体与第三方之间的结构关系划分为三种：链式第三方结构、并行多重第三方结构和复合式多重第三方结构，具体如图 1 所示。

① 原毅军、董坤：《经济中介组织发展研究》，科学出版社 2014 年版。
② ［美］道恩·亚科布齐著：《中介作用分析》，李骏译，上海人民出版社 2017 年版。

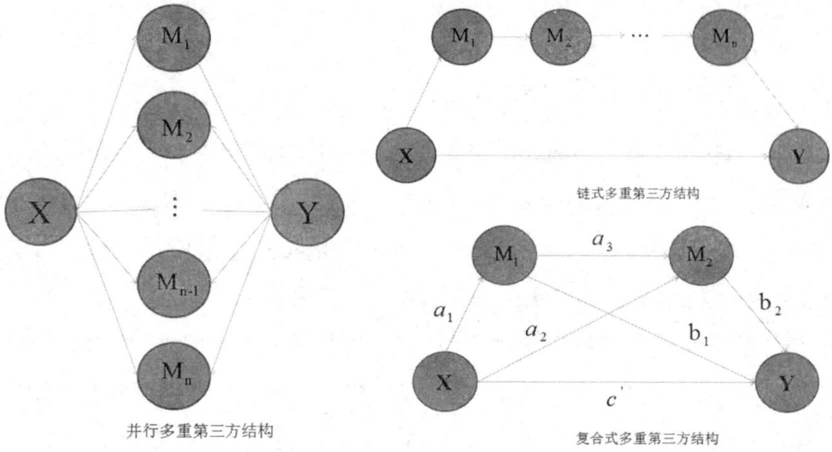

图1　主体与第三方之间的三种结构类型

目前，我国对第三方组织机构的分类尚未形成统一的标准，根据现有的文献和市场第三方组织机构的发展现状，可以进行如下分类。第一，从系统的角度可以分为：行业自主性第三方系统、市场行为监督第三方系统、市场活动咨询第三方、为市场活动提供经营性和技术性服务的第三方、监督市场活动的第三方、为劳动力的就业和再就业提供服务的第三方、为市场主体提供保管和安全服务的第三方、金融第三方、国有资产投资第三方等。第二，从服务对象的角度可以分为：直接为各市场主体提供各种服务的机构，直接为各种市场交易活动服务的经纪人组织，以某类商品、劳务的生产经营者为基础，由有关企业或个人自愿参加协商共事的民间组织。第三，从服务的性质和特征可以分为：评价、审查型的市场第三方，咨询、服务型的市场第三方，自律、自治型的市场第三方。第四，从组织形式可以分为：团体型市场第三方、行业型市场第三方、公司型市场第三方、事务型市场第三方、社区型市场第三方。除此之外，还有很多其他的划分方式，如根据市场第三方组织机构的服务功能、组织机构职能、社会功能等进行划分。

第三方机构主要具有以下功能。

首先，第三方组织机构为市场提供了便利性，使市场发展更有秩序。从第三方监管的角度来看，第三方监管能够辅助政府改进对市场的监管，维护公平竞争的市场秩序。市场经济从本质上讲是法制经济，要求健全的法制和严格执法，保护市场主体的平等地位和合法权益。但是政府监督毕竟有一定的局限性和滞后性，第三方配合政府部门，共同强化管理，就可能维护市场竞争秩序和提高市场管理水平。有了监督市场主体的第三方，就能对任何一方的不规范行为随时随地地进行监督并予以纠正，从而避免市场主体的合法权益受到侵犯。

其次，第三方组织机构的存在提高市场运行效率，降低交易成本。我国的市场经济体制尚不是完善的市场经济体制，经济活动中的无序状态及交换双方的信息不对称等都容易导致交易低效率和高昂的交易成本。市场经济的建立和发展需要第三方通过自身的专业技能和信息沟通来提供相应的服务，使各市场主体能够更加便捷、高效地参与经济活动。

最后，第三方组织机构的存在优化了资源的配置。一是，为资源的顺利流动提供专门的交易场所，在交易场所内，价格信号和需求信息引导着资源的流动方向。二是，市场中介组织为资源流动提供的鉴证、估价、咨询等服务使得资源流动更直接、更迅速。

第二节 信用关系在社会关系中的基本形态

从根本上说，信用关系是一种双边或者多边交易者之间相互承诺及其履行的关系。但在许多跨期交易中，支付了的一方实际上已经完毕自己的承诺，由此，信用关系转变为一种单边承诺及其履行的关系。我们把作出承诺（commitment）并有履行义务的一方称为信用主体，而把受该承诺及其履行程度惠及或损害的利益方称为信用客体。当然，如果主体没有支付完毕或者需要分阶段支付时，交易双方（或多方）之间就存在着互为承诺与履行的信用关系。本书中的信用主体既可以是个人也可以是组织，客体也可以是个人或者组织。由于个人总是最终的受惠者或者受损者，因而作为客体的个人在信用关系中具有更加重要的意义；又由于承诺及其履行程度最终牵涉到信用主体与客体之间的利益，因而信用在本质上是一种利益关系。

我们可以按照信用主体和信用主体对客体承诺的内容这两个维度来划分信

用关系的类型，并对这些信用关系类型进行定义。按照信用主体分类可以划分个人信用、企业信用、国家信用三个层次。在这里，个人信用是指个人作为承诺及其履行的行为主体；企业信用是指企业作为承诺及其履行的行为主体；国家信用是指政府机关或代行国家职能的机构作为承诺及其履行的行为主体。

由于交易类型的不同，个人信用、企业信用、国家信用涉及的利益关系者在范围上有很大的差别。个人信用关系大多建立在“一对一”的双边交易的基础上，因而大多数交易属于双边信用关系，涉及的利益相关范围并不大。企业信用关系大多建立在多边交易的基础上，因而商品、劳动力交易都属于“一对多”的多边信用关系，涉及的利益相关范围较大。例如，企业把产品或服务出售给众多的消费者，因而与众多消费者发生信用关系。国家信用也属于典型的“一对多”的信用关系，涉及客体的范围最大。例如，央行以国家信用为基础发行货币，公众（个人和企业）接受和使用货币，就意味着公众接受了央行或者说国家与每个人之间的信用关系，公众成为客体。

按照信用主体对于客体的承诺内容，个人信息可以进一步划分为个人的税务信用（个人按章纳税的承诺）、债务信用（个人贷款还本付息的承诺）和劳务信用（劳动者按照劳动合同提供劳务的承诺）等类型。企业信用则可以进一步划分为权益信用（企业对股东权益的承诺）、债务信用（企业对银行借贷等企业债务还本付息的承诺）、税务信用（企业按章纳税的承诺）和消费者信用（企业对产品或服务的质量保障与增值服务等承诺）。国家信用可以进行划分为政府信用（政府对公众提供公共产品和公共服务，国债还本付息等承诺）、货币信用（央行关于币值稳定的承诺）等类型。

承诺的履行程度与信任之间存在着强化或者弱化关系，即一个信用主体履行承诺越好则社会对其信任程度越高，反之则越低。在这里，信任程度可以体现为信用主体的信用评级、声誉、商誉等，信用工具与信任之间也存在强化或者弱化的关系，信任既是信用工具被社会接受的前提条件，又是信用工具发行者履行承诺的函数。例如，货币是一种社会通用的信用工具，央行是货币的发行者。公众对央行的信任是货币发行的前提条件，而公众的信任程度又是央行稳定币值之承诺的履行程度的函数。又如，企业债和银行贷款也是两种信用工具。企业是企业债或银行信贷的发行者，较高等级的信用评级是企业能够顺利发行的前提条件，而信用等级是企业还本付息承诺的履行程度的函数。在这些例子中，由于信用工具都具有跨期的性质，因而发行者必须给交易方以某种承诺；信任则是信用主体的履行承诺之历史记录的函数，并在公众的心理上形成一种预期。由此可见，在信用主体与客体的关系中，承诺及其履行是核心内容。

从制度层面对信用关系进行剖析，则可以认为是一组行为规则的集合，这些行为规则与社会、政治和经济活动相关，它们支配和约束社会各阶层的行为，信用关系的本质是降低人们行为的“不确定性”（Schultz，1968；Ruttan，1978；North，1990）。柯武刚、史漫飞（2000）认为，制度的主要功能是协调和规范，恰当的信用关系有利于降低复杂系统的协调成本。康芒斯把“交易”作为一种合法控制权移转的基本单位，从而可以在交易的基础上进行信用关系研究；新信用经济学的重要理论贡献包括：罗纳德·科斯（Ronald Coase）关于生产性经济体系的相互依存性、交易成本和专业化所形成的信用关系：道格拉斯·C. 诺斯（Douglass North）关于信用关系的主要特征及其依赖的政治环境、影响决策的非正式约束和准则、结构性规则，以及信用关系变迁的问题；青木昌彦（Masahiko Aoki）运用博弈论描述了信用关系及其变迁，并认为“信用关系既是博弈规则，也是博弈均衡”。

阿夫纳·格雷夫（Avner Greif）按照社会学传统把信用关系定义为规则、信念、规范和组织等信用关系要素共同作用并导致（社会）行为秩序产生的一个系统。斯科特则把信用关系关键性要素划分为规制性（regulative）、规范性（nonnative）和文化－认知性（cultural－cognitive）三大系统，它们构成了信用关系系统的一个连续体。哈里森·怀特（Harrison C. White）认为，市场信用关系只是生产商网络内部相互交往产生的暗示、信任、规则的反映。

诺思（North）则把信用直接看成是一种信用关系，“信用作为一种信用关系是一系列被制定出来的规则、守法程序和行为的道德伦理规范，其旨在约束追求主体福利或者效用最大化的个人行为”；“信用作为一种信用关系包括人所发明设计的约束人们交易行为的所有规定，用于减少不确定性和人的机会主义的发生”。

一个社会的信用关系体系究竟应当包括哪些内容呢？信用经济学及社会学的信用关系理论为我们提供了一套理论架构。第一，新信用经济学把信用关系分为四个层次:“嵌入层”(embeddedness),其中包括规范、习俗、习惯、道德、信仰、传统和宗教等非正式信用关系;“信用关系环境”(institutional environment),其中包括宪政、法律等正式信用关系;“治理信用关系或治理机制”(governance),其中包括交易后的契约管理等;“资源配置和雇佣关系”(resource allocation and employment)涉及交易前契约设计等。这四个信用关系层次之间相互影响且信用关系变迁的快慢有很大差别,“嵌入层”的变迁以数百年计,而“信用关系环境”和“治理机制”的变迁则以数十年计。“嵌入层”会作用于“制度环境”和“治理机制”,反过来,“制度环境”和“治理机制”的变迁也对“嵌入层”产生影响(Williamson, 2000)。第二,信用关系通过“道德自律”“交易双方具有均等的威胁力”“独立第三方执行”等具有互补性的三种契约执行机制而发挥作用(巴泽尔,2006)。因此,社会信用制度建设的关键在于强化上述三种契约执行机制。第三,社会学把信用关系看成是由规则、信念、规范、标准和组织等信用关系要素共同作用所形成的一种秩序,并说明各个信用关系要素的功能,为我们提供了信用关系结构化的构件与机制(A. Greif, 2008);“认知性制度”“规范性制度”和“规制性制度”三个制度层次在构建社会信用关系认知体系中的作用,以及“符号系统”“关系系统”“惯例”和“人工器物”作为“传递者”,在制度社会化过程中促进公众对制度达成社会共识,以提高社会信用关系体系的效率(斯科特,2010)。

本书把信用关系定义为信用主体与客体之间博弈规则的集合,并把社会信用关系体系定义为由规则、信念、规范、标准、程序和组织等制度要素相互作用,共同构成具有互补性的功能结构与层次结构的制度系统,以促进信用主体履行承诺并形成一个崇尚诚实守信的社会秩序。

第三节　二元信用关系

(一)信用关系中的“权利-权力”结构

以康芒斯的交易概念为基本分析单元,并通过跨期交易引申出信用概念的基本内涵——承诺及其履行;以信用主体及其承诺内容来划分信用类型,并分析信用主体与客体的信用关系所包含的“权利－权力”结构，按照信用客体之权利保护与信用主体之权力的问责制为重点来讨论信用关系中的各种要素是下面进一步要分析的内容。

如果我们将关系先简单视为一种交易，那么任何一种交易在本质上都是权利之交易。科斯认为，“在市场中交易的东西不是像经济学家经常认为的那样，是物理实体，而是采取行动的权利和个人拥有的、由法律体系创立的权利”。“权利”（rights）可以一般地定义为“不受他人干涉的能力”。法律上的“权利”是指权利主体可为或不为某种行为的许可和保障。为了使权利得到尊重，法律还规定了韧性的“义务”（obligation）来加以保障。因此，从法律的意义上说，权利和义务的关系是：权利可以放弃，但义务必须履行。对于社会信用而言，信用主体对于信用客体的承诺（commitment）就是一些必须履行的义务。但是，社会信用制度中的义务，既包括法律义务，也包括道德义务。

权利界定是指社会成员的个人权利及其行使条件之界定，以及履行义务规定。权利界定是交易的前提条件，其目的在于划清人们之间的利益关系；行使条件则是权利人在行使权利时所面临的各种约束，这些约束附属于权利界定并导致了行权人的成本；而义务则是尊重他人权利所必须承担的成本。权利界定内容与行使条件及义务之间存在着内在关联，并且决定了权利主体行权的收益与成本。权利配置则是指权利界定、权利交易及权利在组织内重新安排的活动，这些活动决定了一个社会或组织的权利结构。所以，“权利结构”可以定义为一个社会或组织中成员的权利与义务的分布状态。

由于组织成员行使权利会对其他成员产生影响力，他们因此而拥有了“权力”（power）。在这里，“权力”可以被一般性地定义为“影响他人的能力”。所以，权利交易、权利让渡，以及权利在组织内重新配置是组织成员通过交易获取“权力”的方式。权力与权利的差异在于，权利可以放弃，但权力不可推卸，也就是说，拥有权力的人就要承担责任，因而权力与责任相对应。所谓“责任”（responsibility）是指组织成员分内应该做的事。没有尽到责任就要受到惩罚，因而“责任”具有强制性。“权力结构”则是指权力与责任在社会或组织成员之间的分布状态。但是，在现实中人们往往未严格区分“责任”与“义务”而替代使用，如果把“责任”定义为“没有履行或者完全履行义务而应当承担的后果”，责任与义务就可以区分开了。在这里，“义务”是“责任”的前提条件，但“责任”不是“义务”本身而是其转化形态。从交易的角度看，“权力”是“权利”的转化形态，“权力”伴随权利交易或权利让渡而产生；“义务”是“责任”的转化形态，“责任”也伴随权利到权力的转化而产生。我们把从权利配置到权力配置之转变，以及从义务到责任之转变称为“权利－权力”转换，并且把“义务”严格对应“权利”，把“责任”严格对应“权力”来使用。

（二）“权利－权力”关系中的监督与履行问题

“权利－权力”转换之制度意义在于：权利让渡、权利重新安排，以及权利行使对社会或组织产生影响力。这意味着“私域”中的权利已经转变为“公域”中权力。权利结构与权力结构之间发生了相互交融，但是绝不能因这种交融而模糊了权利与权力在行使原则上的差异。权利与权力遵循着完全不同的行使原则：权利行使的原则是“法不禁止即自由”，法律不禁止就赋予行为主体以权利；权力行使的原则是“法不授权即禁止”，强力的信用主客体如政府部门的行为，应严格限定在授权的范围之内。例如，我国市场准入的制度改革，从“正面清单”到“负面清单”，就是“法不禁止即自由”的体现，其制度意义在于赋予企业和个人更多的权利。

权利与义务相对应，但权利应该是第一位的，义务是第二位的。由不平等、信息不对称等情景下权利很容易遭到侵害，如果没监管制度，企业的承诺可能难以完全履行而导致客体利益受损。因此，保护弱势方的权利并监督强势方尽义务是我国社会信用制度建设的重要之义。“权力”与“责任”相对应，但责任应放在第二位。由于“权力”（包括正式权力和非正式权力）可界定“权利”，且“权力”具有强制性，权力也可能侵害权利。如果没约束和问责制度，承诺就有可能变成一种无法兑现的泡影。

监督机制及其相应的惩罚机制促使信用主体必须对客体承担应尽义务与责任，否则后者拥有追究其责任的权利。例如，政府必须在公共品、社会安全、维护市场秩序等方面对公众尽责；生产厂商必须在产品质量等方面对消费者尽责；职业经理人必须对股东承担信托责任；雇主获得支配雇员的劳动力之权力而必须承诺给予雇员固定收益和保障；生产厂商拥有决定商品质量的权力而必须给予消费者负责维修的承诺；掌握市场资源的零售商拥有“账期支付”的权力而必须给予供应商长期销售产品的承诺；政府获得征税与行政管理的权力而必须负担为公众提供公共品的责任，这些责任可以用承诺及履行程度来判断。

（三）公正性、合意性的评判问题

在信用关系中，主客体间对于缺乏合意性的原因有很多。客体对于主体的评价缺乏合意性可能是由于多元利益相关方的利益没有很好被协调，执行主体未能兼顾各方利益，主体制定的计划缺乏完成能力，主体有能力但由于缺乏监督惩罚机制而缺少完成意愿等因素造成。主体对客体的评价缺乏合意性则通常来自于客体需求的变化，客体履约完成度等原因。

是否能够指望一个理性的管理者或者睿智的参与方能够解决冲突呢？许多不可预料或不可控因素会影响到主体目标的实现，这不是依靠个人的理性就能解决的问题，所以，制定一个公正性和合意性的信用关系并非易事。在这里，决策的“透明度”与“主客体参与度”对于制定相对具有公正性和合意性的规则及政策目标将会发挥重要的作用。

制定一个具有公正性和合意性的规则及政策目标需要考虑更多的因素，且在政策的实施过程中也受到更多不确定因素的影响，所以，目标越明晰，公众则越容易对主体的承诺及履行程度进行监督，因而使主体面临着更大的制度压力。在制度的建设与执行过程中往往会出现这样的情况：一方面，信用主体在目标制定过程中通常倾向于制定一个较为模糊的目标以减轻执行过程的压力；另一方面，目标实现的保障机制以及相应问责制度安排是实现政策目标的保障，如果没有实施目标的制度保障，再科学、合理的目标也难以完成。

1993 年中共中央、国务院发布的《中国教育改革和发展纲要》提出，财政性教育经费支出占 GDP 的比例在 20 世纪末要达到 4% 的政策目标。但这个目标直到 2012 年才达到，其中一个很重要的原因是缺乏相应的实施机制来保障这个政策目标实现，且对于未达到这个政策目标者没有问责制度。“促公平”和“保基本”是我国新增教育经费投入的重要原则。新增经费应该用于提高义务教育保障水平、改善中小学校舍安全状况，以及推动落实高校的生均财政拨款等。如何保证这些教育经费不被各级政府挪用？发达国家设有教育拨款委员会，这个部门专门监督政府按照预算拨放教育经费。所以，如果不建立监督信用履行的制度体系，信用关系双方的二元对立就很难消弭。

（四）制度的专业性与碎片化问题

我国学者对于社会信用体系建设之研究大体有下述方向：诚信文化建设及其重要性（汪丁丁，2007；张维迎，2003；韦森，2002；郑也夫，2006）；产品质量、信用工具和公司治理的制度建设（曾康霖，邱伟，2007；冯登艳，2008）；信用监督与惩罚制度（林毅夫，2002）等。可以看出，国内学者对于建立和完善征信数据库及征信制度、信用评级与信用监督制度，通过增大违约成本来强化惩戒性的制度约束；建立和完善风险监管制度、信用保险制度对商业银行的信用风险进行管理；建立和完善符合市场经济要求的伦理和道德以达到非正式制度的内在约束等方面给予了很多的关注。在强制性的正式制度建设的方面，法学学者往往侧重于保护民事主体的资信利益，或者说保护与限制“信用权利”（credit rights）的法律制度。公众“信用权利”的保护制度也是社会信用制度体系建设的一个重要方面，但“信用权利”界定困难且保护成本很高决定了法律制度的有效性；经济学者往往侧重于增加违约者的违约成本，或者说，政府制定加大对于违约行为的惩罚力度的规则，“两院司法解释”出台就是加大法律惩罚的例证。增加违约者的违约成本也是信用制度建设的重要方面，但履约评价与监督的高成本会降低违约惩罚之制度效率。所以，如何降低产权界定、履约评价、监督的成本是信用制度设计要考虑的重要问题。

对于自律性的非正式制度而言，社会学者往往侧重于构建人们的信任关系，以及诚实守信的价值观和社会规范的自律作用。信任可以降低社会的交易成本，但建立在诚信价值观和社会规范的社会信任并非能短期内一蹴而就，特别在一个互不信任、“劣行驱逐良行”的社会环境中会让道德自律显得无可奈何，仅仅指望依靠伦理、道德等非正式制度来约束不履行承诺的行为是不现实的。正如黄仁宇所说，“中国两千年来，以道德代替法制，至明代而极，这就是一切问题的症结”。① 一些学者提到我国信用制度的“碎片化”问题，但是，却没有对制度为何会“碎片化”，以及如何避免制度的“碎片化”进行深究。本书认为，所谓制度的“碎片化”实际上是指制度要素、制度功能及其制度层次之间并未

---

① ［美］黄仁宇：《万历十五年》，生活·读书·新知三联书店 1997 年版。

很好地实现“结构化”，以便形成互补性的信用制度的功能结构与层次结构，从而大大降低了信用制度体系之整体功能与制度效率。

第四节 “第三方信用”的提出

（一）第三方信用的范畴界定与必要性

1. 第三方信用界定

第三方信用是现代信用制度不可或缺的重要组成部分，在揭示和防范信用风险、维护金融稳定、促进企业融资，规范信用市场秩序等方面都具有重要作用。因此，建立社会信用制度，离不开第三方信用的活动。

现代市场经济下的第三方信用在某种程度上是一个构建诚信的过程，是指为适应现代信用交易的需要，为各类信用活动提供服务。在市场经济环境下，要使信用交易能够正常进行，就必须通过第三方介入来解决信息不对称问题。第三方要对第一方和第二方负责，不偏不倚，公开、公正、公平，所出具的证明必须能获得第一方和第二方的信任。第三方信用通过信用调查、信用评级和信用担保等方式，有效化解影响市场交易和资源配置的各种障碍因素，合理协调不同经济主体相互之间的利益关系，以降低市场交易风险和管理成本，提高经济运行的质量和效率水平，从而促进社会经济的健康、协调和可持续发展。

第三方信用作为连接信用活动的纽带，消除了信用活动中交易各方的信息不对称，充分保障了信用交易的安全，并为其保驾护航。随着信用服务产品的需求不断增长，第三方信用机构业务范围不断扩大。

2. 第三方信用的必要性

第三方提供“信息”产品的必要性主要体现在以下三个方面。

一是对经济运行中“信息”产品的作用。对经济信息的需求是随商品经济的多元化发展而产生的。在自然经济条件下，生产者按己所需进行生产，与他人的生产经营活动不相关联，经济信息对生产者的生产活动并不产生影响。但是在商品经济发达的现代社会，经济信息对生产者来说就十分重要。在现代信用经济发展中，生产者之间关系十分紧密而且非常复杂，生产活动与各种信用活动紧密结合在一起，整个社会经济发展要靠信用活动的推动以及信用链条的运转才能实现；同时，错综复杂的信用关系又极容易遭到客观存在的信用风险的破坏，最终影响到整个社会的经济秩序。因此，维护良好的信用关系成为现代经济发展的重要内容，而充分了解和把握债务主体的经济信息，加强对债务主体信用风险的防范就成为维护社会信用链条的重要途径之一。

在金融活动中，借款人（债务人）如果不能按时履约或完成偿付本金责任，将给贷款人或投资者带来难以估量的信用风险和损失。为防范金融交易中的信用风险，降低损失，贷款人或投资者往往通过对债务人信用状况的了解和把握来进行贷款抉择或投资抉择。由此，在投融资过程中，贷款人或投资者能否获得有关贷款或投资对象的全面真实信息，将不仅影响到授信人对信用风险的防范，还影响到储蓄资金能否顺利地向投资者转化。

二是不对称信息极易引发信用风险。在复杂的金融活动中，客观存在着信息不对称、信息不真实等问题，从而影响贷款人或投资者对债务人或投资对象信用状况的了解和把握。这主要表现在贷款人或投资者对借款人和其投资机会的活动所知较少，造成投资者对投资的逆向选择，影响资金的有效转化，而借款人的道德风险也会影响资金融通的顺畅进行。面对不对称的信息所带来的信用风险，要么干脆放弃贷款或投资，退出投融资活动。为了避免因不对称信息而引发的信用风险，促进储蓄资金向投资的有效转化，减少或控制不对称信息的影响显得十分必要。

三是加强对真实信息的获取，提高授信人防范信用风险的能力。防范信用风险，改善信息不对称状况，可以从加强法律法规建设和诚信建设入手，加强法律约束和道德约束；也可以从建设完善的信息披露制度入手，形成有效的社会监督。从贷款人和投资者自身来看，提高授信人获取真实完整的信息的能力是一个非常重要的方法。在复杂的金融活动中，贷款人和投资者如果能够获取真实完整的信息，不但有助于贷款人和投资者做出正确的贷款和投资决策，还能够推进储蓄资金的顺利转化。

金融机构作为发放贷款或进行投资的专业组织较个体授信部门（各种企业和法人组织、个人和家庭、政府部门）具有获取信息上的优势。基于这些优势，各种投融资金融机构能够对经济运行现状、对债务人的信用状况和偿还能力、对行业的发展前景有比较准确的判断，从而使投融资金融机构能够较有效地防范风险。但是，运用专业化手段获取信息并对信息进行加工处理并非投融资金融机构的主营业务。一些信用状况不好的借款人有可能未被筛选出来，使投融资金融机构仍然有可能遭受信用风险损失。事实上，信用风险的存在具有客观性，投融资金融机构需要借鉴来源于机构外部的真实信息，完善投融资金融机构对客户的信用分析和判断，把信用风险尽可能降到最低水平。

相比较而言，个人授信部门对信用风险防范能力较弱。在信息获取上个体授信部门处于弱势，所需的知识能力、经验、规模明显不足，而投融资机构加工的信息产品又不具有社会公示性，个体授信部门不能从投融资机构直接获取投资信息，这对于保护投资者的利益、调动投资者的积极性十分不利。因此，需要有另外的专业机构来满足授信个体对信息的迫切需求。

3. 第三方信用的意义

专业化的信息服务无论对投融资金融机构还是对个体授信部门都具有非常重要的意义。正因为如此，在现代金融体系中，第三方信用也逐渐取得了独立发展的重要地位。现如今，第三方信用研究的意义也逐渐凸显。

第一，第三方信用有助于企业防范商业风险，促进企业持续健康发展。企业作为独立利益主体的同时，也将独立承担经营风险，第三方信用将有助于企业实现最大的社会经济利益。

商业银行信用政策必须建立在对客户信用状况的科学评估分析基础上，才能达到既从客户的交易中获取最大收益，又将客户信用风险控制在最低限度的目的。因此，第三方信用既可以为企业融资提供客观、公正的信用等级证明，又有利于企业利用外部资金发展自己，也有利于提高企业和产品的社会信任度，使消费者、交易对象消除其戒备心理降低交易成本，更是企业在市场经济中的“通行证”，能够吸引更多的投资人和客户与之合作，提高业务合作成功率，从而提高企业的社会知名度，进而积累无形资产。

第二，第三方信用有利于资本市场的公平、公正、诚信。第三方信用可以通过信用数据库等各种信用信息渠道传播给社会，为投资者提供客观、公正的信用评价信息，降低投资者与企业间的信息不对称性，从而使投资者优化投资决策，把更多的资金投入到信用良好的企业和项目建设上来，减少投资盲目性和投资风险。

第三，第三方信用有利于银企间信息传递，进而防范道德风险发生。企业作为经济活动的主体单位，与银行有着密切的信用往来关系。银行信贷是其生产发展的重要资金来源之一，其生产经营活动状况的好坏，行为的规范与否，直接关系到银行信贷资金使用好坏和效益高低。市场经济越发展，企业对信息的需求量就越大，第三方信用可以将复杂的信息加工处理后，输出易于理解的信息产品，为企业、银行提供信息服务。此外，第三方信用是独立于金融机构和企业的第三方机构，可以帮助商业银行筛选客户，有效地识别和防范金融风险，解决金融机构与贷款企业之间的信息不对称问题，为金融机构信贷评审提供重要的参考依据，缓解银企关系蕴涵的风险；还可以作为金融机构内部评级的重要补充，从源头上防范道德风险的发生。

（二）第三方信用机构的含义与作用

第三方信用机构是指集合各种必要的财务收支和经营活动信息，专业化地从事对特定对象进行财务分析、信用调查等经营活动，出具必要的分析报告或文件，为客户提供有关债务人清偿能力信息的专业信息服务机构。第三方信息服务机构主要有四种：一是与直接融资活动和保险类业务活动密切相关的机构，如投资咨询公司、投资与保险代理机构、经纪公司等；二是专门从事信用评估和债券评级的机构，如资信评估公司、征信机构等；三是专门从事企业财务信息服务和资格认证的机构，如会计师事务所等；四是专门从法律层面提供资本市场运作相关事宜的机构，如律师事务所等。其经营特征归纳起来有以下几方面：

——拥有大量从事经济、金融信息加工和处理的专门技术人才，他们具备相应的知识能力，有充分的时间做市场调查、客户信用调查；

——拥有对必要的经济信息、财务信息进行分析和评价的技术能力，成熟的评价方法以及规范的工作流程；

——频繁地处理大量信息，使单位信息处理的技术成本大大降低；

——所服务的对象既可以是金融机构，也可以是个体投资者；

——提供的信息具有社会公示性、社会公信力及独立性；

——获取手续费或服务费收益。

第三方信用机构在一定意义上为社会信用体系的形成打下坚实的基础，不仅能够大大降低实体经济中的交易成本，更能使实体市场开放化、公平化。交易成本的根源便是不平等的信息交互，即信息不对称。在交易过程中交易主体需要对对方进行全面的分析，包括净资产、总资产、负债率等，以便于自身在该交易中不处于极大的风险中，这也是每一个交易主体如此注重交易风险控制的原由。

第三方信用机构承载了第三方的地位、作用与功能，但是其核心更体现在其对信息传递与辨别的特性上。

首先，推进了投融资业务的开展。虽然信息咨询服务专业机构并不直接经营资金，但通过充当信息中介，为金融活动各种参与者提供了各种必要的信息服务，包括信用评级机构提供的借款人偿还能力的评价、会计师事务所提供的对各种经济实体财务审计认证、律师事务所提供的企业并购重组，以及各种融资中的法律咨询。

其次，直接影响投资者的投资行为。由专业化信息咨询机构提供的信息帮助授信人更深入了解了借款人的潜在偿债能力，提高了防范信用风险的能力。因而，贷款人和投资者将根据这些信息确定和选择投融资决策。

最后，为企业直接融资的顺利进行创造条件。第三方信用机构提供的信息、评价和认证，为企业借款人顺利进行直接融资创造了条件，使其所发行的证券在市场上更易于接受。由于专业化信息咨询机构间接具有了促进储蓄资金向投资转化的功能，因而这类机构具有金融中介机构的属性。同时，在第三方信用机构提供专业服务的过程中，经济、金融的发展也对这类机构提出了更高的要求，使这类金融机构提供的服务不断得以完善。

（三）第三方信用是市场经济发展到一定阶段的产物

信用是个历史范畴，是随着商品生产和商品交换的发展而产生的一种经济形式，是经济发展到一定阶段的产物。在简单商品生产条件下，市场范围小而稳定，商品交换者之间通过不断重复的接触和交易，逐渐熟悉并相互信任，发生了相互之间的赊欠，最初的信用就产生了，只是当时信用应用范围有限，没有在全社会范围内普及。之后随着人类社会生产力的发展，产生了更为深入的生产分工与合作，特别是商品经济产生后，这种分工与合作变得更加密切。人们利用各自的资源、人力和技术优势，在单位时间内创造更多的社会价值，并通过交换，使商品中的价值得到体现。在这种密切的市场经济的分工与合作中，为更方便顺利地进行交易，降低交易费用扩大交易范围，实现交易各方的“共赢”，激发了对诚实信用更为宽泛和迫切的要求，逐渐进入了以信用交易为主导的信用经济阶段。可以说，社会信用是随着社会分工的不断深化和市场的不断扩大，在经济交往中逐步产生和发展的。它是市场经济条件下为减少交易费用、扩大交易规模而进行的一项制度安排；它针对所有交易主体，是经济主体参与社会分工与合作所应遵循的普适性规则。而且市场经济越发展，商品交易越频繁，对社会信用的需要就越强烈，信用交易的产生和范围的扩大是市场经济发展的必然结果。

1. 市场经济是社会信用机制建立的基础

经济基础决定上层建筑。市场经济是社会信用机制建立的经济基础，诚实信用原则作为法律原则，是为了适应调整市场交易的需要而出现的，是交易或者说市场经济的必然表现。社会信用机制的建立离不开市场经济的发展成熟。只有高度发达的市场经济才能真正确立市场经济主体的契约关系，造就发达的社会中介组织，消除信用非重复博弈因素，创造诚信重复博弈因素，促使交易各方能够从自身长远利益出发，选择诚信交易，在重复的交易博弈和规模交易中获得由于信用而导致的净收益增加，进一步提高交易主体诚实守信的积极性，使信用成为社会经济活动中的普遍存在。

2. 市场经济的发展和成熟是社会信用制度不断完善的前提

诚实信用从某种程度上讲是自由竞争的市场法则作用的必然结果，市场经济发展所带来的商品交换的高度发达将不断推动社会信用体系发展和进步。市场经济成熟发展的程度直接影响社会信用程度的高低，完善的社会信用体系是市场经济高度发达的产物。只有大力发展社会主义市场经济，不断完善社会主义市场经济体制，提高社会主义社会的市场化程度，才能为社会信用体系的建立提供必要的物质保障，如诚信监督、激励，失信惩戒及诚信教育等方面的支持。经济学家的模型分析表明，一个地区的市场化程度越高，其受到守信评价的可能性就越高，守信的人就越多。假定一个地区的信任度为10%，那么市场化程度每增加一个百分点，信任度就会增加五个百分点（即达到15%左右）。

市场化程度越高，交易越发达，信任度就越高。市场经济成熟和完善的程度在某种程度上决定了社会诚信体系完善的程度，市场经济的不断发展和成熟为社会信用体系的不断发展和完善提供了必要的前提。

第五节 “第三方信用”是试图解开二元信用关系缺失的钥匙

（一）第三方信用机构的监督和执行能化解“权利－权力”结构困境

道德自律、交易双方具有均等的威胁力而相互执行，以及独立于契约关系的外部力量执行（如法律、法规、警察和法院，甚至讨债公司等）是三种不同的履约机制，及其不同层面的制度作用机理。由此，我们能描绘出一幅构建社会信用制度体系的框架。本书研究主要采用巴泽尔的制度框架并结合格雷夫、斯科特的理论，对社会信用体系的制度机理进行深入的分析。我们将信用关系的履约机制分为三种。

在第一种履约机制中，个人道德对于信守承诺具有自我约束的作用，即“道德自律”。这是依赖个人的“信仰”“信念”“伦理”“道德”等内在的约束力量去战胜人的动物本能，即使人们在很大的利益诱惑之下也不会放弃承诺。我们把“道德自律”看成是一种内在制度，但是，“道德自律”制度的作用机理是怎样的呢？鲍尔斯说，“信念是一个人对行为结果之间的关系的理解”。只有当人们坚守“遵守规则有利于自己”的信念时，人们的行动才会与规则相对应。也就是说，制度作为一种“公共知识”有利于人们对他人的行为形成某种确定性的预期，并据此来行动。格雷夫把“信念”直接作为一种制度要素，并进一步区分了“内化信念”与“行为性信念”，通过认知和预期模式来达成信用关系。如果一个社会发生信仰危机，伦理、道德观念混乱时，“道德自律”在这些时候会显得苍白无力；一个人的道德水平可以用他愿意为道德行为支付的代价的高低来定量衡量。如果道德行为的代价过高，信守承诺的行为就会遭遇“劣行驱逐良行”的尴尬，道德自律就失去了约束力。因此，应传承诚信文化传统，建立符合现代社会的价值观与市场经济的商业道德，以重塑社会信任。但正如威廉姆森所言，规范、习俗、习惯、道德、信仰、传统和宗教等变化以数百年计，而宪政、法律等的变化以数十年计。因此，我们不能指望社会道德水平一夜之间有明显提高，且“自律”机制不是一蹴而就的，社会道德与商业伦理的建设是一个需要长期坚持的历史过程。

在第二种履约机制中，当交易双方具有均等的威胁力时，尽管严格履行承诺会带来成本，但是，信用主体会基于长远利益的考虑而选择信守承诺，否则，违约带来短期利益将不能弥补长期的更大损失。在一个以追求个人私利的市场环境中，竞争既可以推动合作，也可以鼓励欺瞒、行骗和其他破坏合作的行为。例如，在信息不对称的情况下，交易一方可能凭借其信息优势，以“机会主义行为”去损害另一方利益；而那些资产具有专用性的交易方可能会受到对方的要挟而被“敲竹杠”。所以，在大部分市场中交易双方并非有“均等的威胁力”，而恰恰是具有“非均等的威胁力”，从而表现出弱肉强食。基于均等威胁力的“交易双方互为执行”机制可能产生出某种行业规则（包括“潜规则”），对双方的行为产生很强的激励和约束。但是，交易双方具有“均等的威胁力”的市场格局很少出现，现实中更常见到的是双方的市场影响力并不均等，因此，行业规则（或“潜规则”）实际上是市场权力（market power）界定权利的一个结果。由于强势的交易方来界定权利，因而弱势的交易方一定会承担更多的成本，强势方的行为也不会受到有效的约束。消除不符合市场规律的垄断性因素与行政限制，其中包括国有经济退出竞争性行业，拆除在竞争性行业设置的市场准入之藩篱等，是强化第二种履约机制的制度基础。这需要社会制度和社会结构变迁的配合，是一个中长期的历史过程。

在第三种履约机制中，所谓“独立第三方执行”是通过国家“暴力”对不履行承诺的信用主体施加违约成本，以维护利益相关者的权利。由于法律在界定资产权利时存在“公共领域”并成为各方攫取的对象，导致所有者在保护自己的“权利”，以及攫取者的攫取行为都需要付出成本，因而法律权利（形式权利）与经济权利（实际所有权）是不一致的。如果个人不能对自己的合法权利进行有效地保护，那么，就需要国家赋予独立第三方权力来实施权利保护。如果侵权行为受到很严厉的惩戒，并且侵权者为此付出很高的成本，那么，合法权利就会得到有效的保护。因此，基于履约“成本 - 收益”的权衡对于个人信用行为选择更具有解释性，即当违约成本大于履约收益时选择履约，反之则会选择违约。在这里，违约成本是通过国家强制力的帮助，独立第三方机构实施的，因而具有更高的执行效率。作为“独立第三方约束”惩罚违约行为的执行力强度，将决定社会普遍信用关系的稳定程度。我国社会之所以频繁发生侵害消费者利益的事件，其中一个重要原因是违法者得不到应有的惩处。从制度建设而言，如果规则对于违约行为的处罚太轻就会导致大量的违约发生；如果有法不依，执法不严，违法不究就会扭曲规则的引导与激励作用。

由此可见，自律是必要的，社会制度和社会结构是基础，独立第三方是当下解放信用关系的一个理性选择。

（二）第三方信用机构是公正性、合意性评判的路径

信用关系评判的公正性与合意性来源于公正性与合意性都是相对而言的。如果在规则制定、结果评判过程中缺乏“透明度”与“参与度”，参与方不了解制定这些规则及结构评判所依据的相关信息，没有表达自己诉求的渠道和方式，那么，双方就难以对这些规则和政策目标达成社会共识。所以，对于规则和政策目标的公正性与合意性而言，“透明度”与“参与度”是两个关键性因素。“透明度”可以用布兰德（Alan S. Blinder）对于中央银行透明度的表述：如果中央银行的行为“易于察觉”、政策“易于解读”、公告“没有欺骗”的话，那么我们就称该中央银行是透明的。由此类推，双方交流的“透明度”来源于双方对于规则和评判结果的方式是理解的，双方沟通的渠道是通畅的，双方对于评价的基础知识理解是基本相当的。当下社会环境中，这些要求基本上是不能达成的。

尽管如此，对于信用主体的约束和监督依然是有必要的。第三方信用机构通过其专业化的手段、市场化的方式来提升专业水准和对于规则的理解程度，将其转化为信用信息产品，并通过新技术手段成为主客体之间的“翻译者”，从而化解主客体关系中的矛盾。这是达成信用关系公正性、合意性的最优渠道。

最后，对于独立第三方机构而言，由于受到盈利要求的限制，天然有追逐利润的需求，会不自主地选择最为经济、利润最为丰厚的路径进行发展。打破信用的碎片化是为各社会征信机构提供一个良性竞争的整合平台，也是为各社会征信机构提供特色服务和产品创造了机会。针对当前市场需求者的不同信用

信息需求，各类第三方信用机构打破彼此间的数据壁垒，整合各机构的优势信息资源，打造出属于各自机构的特色征信服务产品是其市场化发展后的必然选择。

第六节 第三方信用机构的定位与作用

交易成本实质在商品价格之外，达成一项交易做成一笔买卖所要付出的时间、精力和金钱。由于经济个体的有限理性、机会主义行为、未来的不确定性及交易过程中的不完全性等因素的影响，交易成本渗透在交易活动的全过程。从交易前的搜索，到交易中的谈判，再到交易后的监管都是交易成本的表现形式。与经济个体直接交易相比，中介节约交易成本的一个重要的途径就是交易中的规模经济。以搜索成本为例，在一个没有中介的市场中，N个供应商和M个消费者之间建立完全的相互联系时，要求M个消费者中每个都同N个供应商建立联系，因此总的连接数为$M \times N$个。如果在这个市场中存在中介，消费者同供应商之间建立完全的联系则需要$M + N$个，当M和N变得很大时，$M + N$会比$M \times N$小很多，因此，每一个供应商和消费者分摊的搜索成本将相应降低。

（一）第三方信用机构的客观性监管职能

在信用关系中由于交易在时间上的不匹配，受到不同主客体专业能力、检测工具、信息收集成本等问题的约束，健全完善的监督机制是第三方信用机构的主要职能之一。

首先，第三方信用机构能够为信用关系提供督查制度。督查制度是针对信用关系中事项的跟踪和监督，明确各主体间职责，增强合约的执行力；负责根据不同主体与组织在结构上的复杂性对信用合约完全执行的监督、考核和信息反馈工作；对于政务方面、安全方面、经营管理方面、生产方面和重大质量管理方面及体系的执行力、监督、考核和信息反馈。

其次，第三方信用机构能够提供问责制度。问责主体对其管辖范围内各级组织和成员承担职责和义务的履行情况，实施并要求其承担否定性后果的一种责任追究制度。对不履行或不正确、及时、有效地履行规定职责，导致工作延误、效率低下的行为，或因主观努力不够，工作能力与所负责任不相适应，导致工作效率低、工作质量差、任务完不成的一种工作状况，进行监督并产生约束力。

最后，第三方信用机构提供责任追究制度，信用关系不能顺利完结的情况下按照约定执行责任追究，尽可能约束和惩罚失信方并挽回关系中非失信方的损失。

（二）第三方信用机构的公正性评价职能

信用评价是以简单有效的方式向社会大众揭示信用风险，降低市场中的信息不对称，降低融资的成本。例如，伴随着金融市场的发展，信用评价的对象不断扩展，不仅包括主权债、公司债、商业票据等各种有价证券，还包括各种发债机构和公司信用评级是由专业的独立机构或部门。根据独立、客观、公正的原则，采用科学的综合分析和评价方法，通过收集定性、定量的信息对影响经济主体（主权国家、地方政府、工商企业、金融机构等）或金融工具（债券、优先股、结构性融资、资产证券化、商业票据等）的风险因素进行综合考察，从而对这些经济主体或金融工具在特定期间内按时偿付债务（利息、本金、优先股股利等）的能力和意愿进行评价，并用简单明了的符号将这些意见向市场公开，达到将信用风险公示目的的一种活动。信用评价分为狭义和广义两种定义方法：狭义的信用评价是指独立的第三方评级机构对评级对象是否在约定时间愿意并且能够足额偿还债务所给出的评价，并且用字母和符号加以标识，展现其违约风险和损失的严重程度；广义的信用评价是指对各类市场参与者履行各类经济承诺的能力及其可信度的评价。

（三）第三方信用机构的合理增信职能

增信是指金融机构依托第三方信用，运用自身的组织优势和政治优势，通过体制、机制和制度建设，弥补市场不足，引导、规范市场行为，增强市场主体信用意识和信用能力。不完全市场下的微观金融由于市场信息的非对称性与参与主体的非理性往往导致金融市场失灵，需要完善的机制设计改善市场主体的激励约束，减少市场的逆向选择和道德风险。而制度在解决支持市场的长期需要时可能更有效，因为制度有一种附加的优越性，即可以自发地解决问题并可以直接影响到私人主体的经营。增信是在不完全市场领域引入第三方机构，在市场参与主体间设计恰当的风险分担机制，推动信用体系的完善和建设。解决市场失灵的关键，其核心也在于通过第三方信用机构推动不完全金融市场的制度逐步完善。

第三章

中国第三方组织机构发展

第一节 第三方组织机构发展与中国社会经济关系溯源

（一）我国第三方组织机构发展概况

1978年至今，社会主义市场经济逐渐发展，在以公有制为主体，多种所有制共同发展的背景下，国际交流不断加强，我国社会关系进一步调整，促进了市场中介组织的产生。转型时期市场中介组织的发展可以分为四个阶段。

第一阶段是1982—1992年，为前期准备阶段。1984年10月，党的十二届三中全会明确提出“实行政企职责分开，正确发挥政府机构管理经济的职能”，“专业经济管理部门要从具体管理直属企业的生产经营转向搞好全行业管理，制订行业发展规划，研究行业内重大经济技术政策，组织信息交流、技术开发和人才培训工作”。在这一阶段，行业管理作为经济体制改革的目标模式已经初露端倪。其中，1988年的机构改革，通过合并、裁减专业管理部门和综合管理部门内部的专业机构，削弱了绝大部分专业经济管理部门的权力。这一阶段的改革为市场中介组织的发展奠定了良好的基础。第一，国民经济管理从部门管理逐步转向行业管理，赋予市场中介组织一定的发展空间。第二，自1978年开始的改革，造就了颇具活力的民营经济部分，即使是国有经济部分，也通过现代企业制度改造成为股份公司，而大量自由企业的存在正是市场中介组织生存和发展的组织基础。第三，对外开放也直接推动了市场中介组织的恢复性发展。根据《关于成立会计顾问处的暂行规定》（1980年），上海、广州等地相继成立了会计师事务所。1979 年，为配合《刑事诉讼法》的实施，国家恢复和创建了律师制度。1980 年，为了适应对外开放中证明业务的需要，中国重建了公证制度。同年，原国家经委委派代表团考察了日本的行业管理情况并形成了《日本行业管理的考察报告》，直接促成了中国包装技术协会的成立。但在这一阶段，市场需求较少，市场中介组织发展处于量少水平低的状况中。

第二阶段是 1993—1997 年。1993 年，中央决定对经济管理体制再次进行重大改革。区别不同情况，将专业经济管理部门的改革分为三类：第一类改为经济实体，不承担政府行政管理职能，据此撤销了航空航天工业部，组建了中国航空工业总公司和中国航天工业总公司；第二类改为行业总会，作为国务院的直属事业单位，代行政府的行业管理职能，为此撤销了纺织工业部和轻工业部，分别组建中国纺织总会和中国轻工总会；第三类属于保留和新设的行政管理机构，职能是规划、协调、监督和服务。这次改革，特别是中国纺织总会和中国轻工总会的设立，为全面改革经济管理体制提供了明确的目标，意义极为重大。1996 年，国家经贸委又选择了上海、广州、厦门、温州 4 个城市进行了行业协会试点工作。

第三阶段是 1998—2007 年。1998 年 3 月，九届全国人大一次会议又一次提出国务院机构改革方案。此次机构改革，不但对经济管理部门继续进行裁减和合并，而且明确指出宏观调控部门和专业经济管理部门的职能是负责组织制定行业规划和行业法规，实施行业管理。根据统计，国务院机构改革时，中央政府各个部门转到行业组织的职能有 200 多项。政府职能的改革不仅为市场中介组织的发展提供了一个良好的发展机遇，而且也加剧了市场中介组织健康、快速发展的紧迫性。

第四阶段是 2007 年至今。2007 年 5 月 26 日，中国注册会计师协会发布的《会计师事务所内部治理指南》提出，通过几年时间的努力，制定出一套能够规范会计师事务所内部治理、严格会计师事务所内部管理的规范体系，指导建立“权益清晰、决策科学、管理和谐、持续发展”的事务所内部治理结构和治理机制；推动树立“人合、事合、心合、志合”的事务所治理理念，促进形成“讲诚信、重协商、谋合作、共发展”的事务所现代合伙文化，全面提高事务所的管理水平，形成事务所的国际竞争力。

第三方组织机构在发展的过程中，其本质都是提供节约交易成本的服务，但是从事不同行业的第三方组织机构在业务和组织运作模式上有非常大的差别。从第三方组织结构的职能来看，可以将第三方组织机构划分为三类。

第一种是节约调查和信息成本的第三方组织机构。这类机构主要通过向交易双方提供信息以减少双方的信息不对称，与此同时，这类组织机构在收集信息的过程中将交易集中在一起，增加交易双方相遇的概率，减少了直接交易中的不确定性。包括证券公司、期货公司、保险经纪公司、保险代理、基金管理公司、房地产买卖和租赁居间公司、职业介绍公司、婚介公司等。第二种是以节约谈判和决策成本的第三方组织。这类组织大多需要依赖于专业的技能、才能为交易双方提供经济中介的服务，这种服务能够帮助交易双方节约谈判和决策成本，并能抑制逆向选择，如律师事务所、会计师事务所、审计和税务、从事知识产权转让的第三方以及提供评估、鉴定和认证等服务的第三方等。第三种是节约事后交易成本或制定和实施成本的第三方组织机构。该类机构主要提供包括法律服务、公证服务、仲裁和调节服务的第三方，其功能主要体现在执行合同过程中监督交易双方，并在交易破裂时解决交易双方的纠纷，减少执行合同的成本，减轻交易双方机会主义行为可能带来的道德风险，如保险公估人等。本书主要描述前两种组织机构，并且选取具有代表性的组织机构进行调查研究及论证。

（二）第三方信用机构发展实践

1. 探索阶段

从 1987—1993 年为我国第三方信用机构发展的萌芽阶段。1987 年，《企业债券管理暂行条例》颁布，中国人民银行和国家体改委提出组建信用评级机构的构想。信用评级机构随后在各地涌现。1988 年，首家非金融系统信用评级机构——上海远东资信评估有限公司成立，打破了信用评级市场的格局。1989 年前后，中国人民银行着手整顿金融秩序，清理金融机构，中国人民银行和专业银行所设立的信用评级公司全部被撤销，相应的信用评级业务划归其下属的信誉评级委员会办理。1993 年，专门从事企业征信的新华信国际信息咨询有限公司开始正式对外提供服务。此后，一批专业信用调查中介机构相继出现，征信业的雏形初步显现。

2. 起步阶段

在此阶段，一大批非金融系统信用评级机构相继涌现。国内的主要信用评级机构，如大公、新世纪、中诚信、福建省信用评级委员会（联合资信的前身）等就是在这个阶段成立的。此后，国内的信用评级业务逐步走向规范化和制度化，评级技术也有较大程度提升。

1996 年，中国人民银行在全国推行企业贷款证制度。1997 年，上海开展企业信贷资信评级。经中国人民银行批准，上海市进行个人征信试点。1999 年，上海资信有限公司成立，开始从事个人征信与企业征信服务。1999 年年底，银行信贷登记咨询系统上线运行。2002 年，银行信贷登记咨询系统建成地、省、总行三级数据库，实现全国联网查询。

3. 发展阶段

2003 年，国务院赋予中国人民银行“管理信贷征信业，推动建立社会信用体系”职责，批准设立征信管理局。同年，上海、北京、广东等地率先启动区域社会征信业发展试点，一批地方性征信机构设立并得到迅速发展，部分信用评级机构开始开拓银行间债券市场信用评级等新的信用服务领域，国际知名信用评级机构先后进入中国市场。2004 年，中国人民银行建成全国集中统一的个人信用信息基础数据库。2005 年，银行信贷登记咨询系统升级为全国集中统一的企业信用信息基础数据库。2008 年，国务院将中国人民银行征信管理职责调整为“管理征信业”并牵头社会信用体系建设部际联席会议。2011 年，牵头单位中增加了国家发展改革委员会。2013 年 3 月，《征信业管理条例》正式实施，明确中国人民银行为征信业监督管理部门，征信业步入了有法可依的轨道。目前，由国家发改委和中国人民银行双牵头，推进社会信用体系建设和信用服务业发展。

第二节　第三方组织机构职能新挑战

中介是事物普遍联系得以实现的环节，是事物运动变化得以实现的过渡阶段，也是事物质变得以实现的转化条件。一般来讲，市场中介组织就是独立于政府之外的社会经济组织，在政府和社会之间发挥信息传递功能，并在市场主体之间发挥纽带作用。市场中介在信用体系下的经济功能主要表现在两个方面：一是信用公示，二是信息传导。其中信息传导是基础，信用公示是保障。因为对于市场主体而言，博弈决定的作出，如果不考虑信用公示的作用，其最终和最优选择始终是欺诈。在信用公示的作用下，公示构成一种社会惩戒机制，市场主体的信用状况成为社会的公示物而受到社会的监督，其博弈的最优化选择演变为诚信。从这个意义上讲，信用是中介的基石。因此，市场中介的本质是指在信息共享的基础上，通过信用公示的作用，完成市场交易主体之间信息的传递，促成交易主体间的信用博弈。

（一）资产金融化与信用的变现

金融领域的信用缺失和信用体系不完善，严重阻碍了现代金融业的创新发展。一些不良金融平台跑路事件，也在一定程度上打击了金融创新的信心。以互联网金融为例，它体现了互联网与传统金融的融合与创新，其快速发展得益于互联网广泛的交互性和快速传播性。但是，互联网的虚拟性导致信息真实度难以识别，潜在风险高。构建完善的信用体系，是推动金融业务健康规范和规模化发展的基石。因此，要创新金融信用产品，改善金融服务，维护金融消费者个人信息安全，保护金融消费者合法权益，加大对金融欺诈、恶意逃废银行债务、内幕交易、制售假保单、骗保骗赔、披露虚假信息、非法集资、逃套骗汇等金融失信行为的惩戒力度，规范金融市场秩序，加强金融信用信息基础设施建设，进一步扩大信用记录的覆盖面，强化金融业对守信者的激励作用和对失信者的约束作用。

在过去的30年中，金融领域中最引人注目的变化莫过于金融创新。从金融产品或金融工具角度看，金融创新可以分为两类：一类是根据新的金融理论而生产出来的新的金融产品，更多的金融创新产品是对现有金融产品进行“再造”；另一类是对生产流程进行重构，使金融活动更有效率。

金融创新对第三方信用机构的影响是显而易见的。金融创新为第三方信用的发展提供了更大的业务范围。一方面，金融期权、期货和互换等衍生产品出现后，无论是商业银行还是投资银行都大大拓展了新的业务范围。市场交易量迅速扩大，增长的交易量降低了交易边际成本，使得融资方能以更低的成本从事新产品开发和交易，这反过来又增加了交易量。如此循环往复，金融产品的交易成本越来越低，交易量越来越大，金融产品创新的频率越来越快，并且呈现螺旋式上升的态势。另一方面，金融创新在为顾客提供关于这些金融衍生产品交易服务的同时，也带来了很大的风险隐患，尤其是信用违约风险的不断扩张，因此，第三方信用评价在对风险的甄别和控制上就具备巨大的发展潜力。

（二）经济全球化与区域上的一体化

20 世纪 70 年代以来，经济全球化以前所未有的速度扩展，在经济全球化进程中，生产要素和资源的国际流动大大加快。在伴随生产技术、管理、产品和资源的国际流动，国际投资日益增加，国际间资本流动以超过国际贸易数倍的速度影响着各国经济的发展。同时，在我国经济进入“新常态”背景下，许多传统外贸企业借助于互联网渠道实现了转型升级，经济全球化的发展已从“量”向“质”转变，信用体系建设已迫在眉睫。在“一带一路”倡议下，中央提出加快社会信用体系建设，并将推动大数据发展上升至国家战略，运用大数据技术构建完整、动态的信用评价体系，将成为跨境电子商务健康发展的突破口，为其带来颠覆性的变革。

在上述背景下，现代信用评价需求的发展出现了明显的新变化。首先，应有效发挥政府的鼓励、引导作用，充分利用大数据，实现数据与信息共享机制。努力构建海关、税务、法院、银行等多个部门的联动，努力“叠加”大数据，为全球化企业提供更为广泛的平台服务，实现企业信息的智能化检索。其次，政府应加强监管力度，整顿与规范区域一体化市场，营造良好的贸易环境。通过大数据结合“云计算”功能，协助实施搜索与专项治理行动，动态跟踪跨境企业的交易、支付、物流等信息，促进市场行为的规范。最后，应加快信用服务行业发展步伐，以大数据实现信用联动共享，归根结底都是充分利用既有的优势资源，及时发现违反市场竞争规则的行为，使跨境电子商务行业生存与发展道路更为顺畅。与国际标准接轨，促进国内跨境电子商务信用标准的统一性、科学性。在大数据背景下构建全球化信用评价体系，形成科学的评判标准，推动评价体系的国际化。

第三节　会计事务所信用职能的发展

会计师事务所在国家经济政治生活中有着重要地位。在我国现阶段的经济体制下，会计师事务所是连接政府和企业的桥梁，是所有者和经营者之间的纽带，独立于政府和企业之外，不以盈利为首要目标，具有法定社会职能的第三人。它一方面担负着塑造市场经济微观主体，规范企业经营活动的重任，另一方面又是国家对社会经济进行宏观调控的具体执行者。因此，会计事务所在国家经济政治生活中起着重要作用，担当着不可替代的角色。我们基于第三方组织机构发展的视角，试图从会计事务所的发展与变革中总结梳理第三方组织机构在不同发展阶段的职能与作用，为第三方信用机构的发展提供参考和借鉴的素材。

（一）会计事务所的职能作用

1. 社会经济活动的监督者

在世界发达国家，会计事务所被形象地比喻为“经济警察”。1997 年，自国有企业的年终财务决算全部交由注册会计师审计后，在微观经济领域，会计事务所的活动空间得以扩大，监督作用得到加强。三资企业、股份公司、有限责任公司、国有独资公司、上市公司的经营成果，必须经注册会计师核准后，才能在法律上生效，政府有关部门和投资人也才能据此对企业实施管理和作出决策；所有法人企业和非法人经济实体的资本金，必须经注册会计师验证核实后，工商部门才能批准其成立。在宏观经济领域，会计师事务所可按照政府的特定需要进行专项监督，把国家对经济的宏观调控政策和措施落到实处，使注册会计师成为活跃在我国经济舞台上的一支重要的社会监督力量。随着我国现代企业制度的建立，资产的所有权与经营权分离，在投资人与经营者之间形成受托的经济责任关系，资产的占有、使用和支配权转移到经营者手中，这就要求独立于二者之外的会计师事务所客观公正地评价、确认和反映经营者业绩，维护投资人的合法权益。

2. 企业经营管理的评价与鉴证

注册会计师对企业进行独立审计，实质上是对企业依据内控制度所进行的经营活动和实施管理行为的合法性进行评价裁定，从而使企业行为得到规范，并步入良性发展的道路。注册会计师对企业进行符合性测试之后，要对反映企业财务状况和经营成果的有关资料进行实质性测试和鉴定。一方面对企业资产负债的质和量进行检查核实，从而确定企业的真正规模、实力和资信状况；另一方面，对企业收入费用的合法性、真实性进行确认，从而核准企业利润，确定其应纳税额。

3. 资本流动的引导者和经济发展的策划者

在资本市场上，会计事务所通过向社会披露募股公司的资产重组计划、募集资金的用途、预期收益等，引导股民的资本投向。在股票上市流通后，则通过公布上市公司经营业绩，引导资本的流动。在直接投资领域，会计事务所对企业间的合资、参股、控股、购买等投资活动，通过资产评估、价值认定、财务审计加以规范和引导。在间接投资领域，银行及其他债权人则通过会计事务所对借款人资信的评估和抵押资产价值的评定做出决策。当今会计事务所对资本流动已从间接引导过渡到直接引导，已显示出其他中介组织不可比拟的优势。这表明会计事务所已经突破了传统业务，职能作用在不断扩大。在宏观方面，国家经济政策、改革方案、经济计划等也要请中介机构评估论证，甚至是参与制定。会计师事务所可以超越为单个企业服务的执业界限，在同一城市内，同一区域中，甚至是在跨区域的重点产业带，促进企业的联合、兼并，组建大型集团，实现资产的战略重组、资源的优化配置和经济优势的互补。

（二）会计事务所职能发展新要求

伴随着概念框架潜移默化的影响、准则制定导向的改变、收益确定观念的转向，会计愈来愈依赖于对未来现金流量的预计。会计只反映过去不反映未来的信条正在被颠覆。作为会计审计职业的灵魂，专业判断的内涵和外延随着会计的演进和经营环境的变迁已发生嬗变，仅仅依靠会计审计知识和经验，已经无法有限评估日益复杂的经济金融风险，确保专业判断的质量。为维系自身信用，控制外部信用风险，会计行业顺应从滞后性向前瞻性演进、专业判断从经验型向专家型转变的发展趋势，向信用化经营转型。

1. 对评价对象的信用信息要求提高——从滞后性向前瞻性演进

传统上，会计只反映过去不反映未来。20 世纪 90 年代以来，伴随着公允价值会计的勃兴，会计审计对象的复杂程度、与信用信息的关联度不断提高。不论是在理论层面，还是在准则层面，或是实务层面，都愈来愈离不开对审计对象信用的预计。从理论层面上看，信用是审计对象未来现金流量的重要保障。概念框架对资产和负债的定义，要求会计将重心置于未来现金流量上。能否带来未来现金流量的流入或导致未来现金流量的流出，成为确认资产或负债的试金石。从实务层面上看，资产负债越来越多。按公允价值计量或计提资产减值，同样将会计重心牵引至对未来现金流量的预计上。金融工具、公允价值、资产减值、收入确认、租赁、雇员福利、股份支付、无形资产、企业合并等准则的实施，均高度依赖于对未来现金流量的预计。预期损失模型不仅颠覆了会计只反映过去不反映未来的传统，而且有可能成为推动会计演变为预计的里程碑。

2. 自身信用治理成为行业竞争发展核心要素

党和政府对行业协会的发展和社会信用体系的建设给予了极大的关注。会计师事务所作为市场中介组织，扮演着“经济警察”的角色，在服务过程中必须保持诚信，否则会影响市场经济秩序，最终被市场所淘汰。然而，众多造假事件的出现，使得我国上市公司会计信息的真实性受到了一次又一次的质疑，也使得会计师事务所乃至整个注册会计师行业的社会公信力受到严重损害。因而，建立会计师事务所及注册会计师信用体系是行业发展的必然要求。对会计师事务所进行信用评级是信用体系的一个重要组成部分。通过对会计师事务所进行信用评级并定期公布，使社会公众及时了解会计师事务所的信用等级，从而形成社会监督机制，促使会计师事务所依法依规按程序执业，提高审计质量。因此对会计师事务所进行信用评级，是促进行业健康规范发展的必然要求。

3. 人才从经验型向信用专家型转变

传统意义上的专业判断，属于以会计审计为基础的经验型专业判断，发挥专业判断对其他从业经验和其他学科知识的依赖性特别是信用风险的管理和识别能力的要求不高。然而，伴随着会计从滞后性向前瞻性演进、对未来现金流量的预计日益成为会计的重心及经营环境的变迁，专业判断的内涵和外延已发生嬗变。从内涵上看，专业判断的内容和对象已不再局限于会计审计；从外延上看，专业判断的时间纬度已不再囿于过去和现在。专业判断越来越依赖于其他领域和学科的专家意见和知识支持。专业判断不仅需要丰富的会计审计执业经验和知识，也需要经济、金融、法律、统计、经营、工程学等学科的经验和知识。利用专家的工作，已成为信用专业判断不可或缺的基本要素。

4. 从单一学科向多学科发展

会计审计以单一学科为特点的因循守旧教育模式，已经不能适应会计本质和专业判断的变化，亟需进行大刀阔斧的改革。会计审计的教育模式，惟有从单学科向多学科发展，与信用管理学科进行交叉和融合，才能适应会计的演进趋势和专业判断的嬗变。会计审计教育模式的改革，目标在于提高专业判断的胜任能力，关键在于重构起牵引作用的能力框架。会计审计的学历教育和后续职业教育（CPE），应当以能够将会计学科与其他学科有效融合的能力框架为基础，重新调整课程设置。会计审计的本科教育不应再以强调技能性的职业教育为导向，而应当以强调知识性的素质教育为导向。

第四节　第三方智库的职能与发展

智库是思想库、智囊团的通称。在全球化时代，智库是社会进行经济、政治、社会、科技、军事、文化等国际交往和合作所需倚重的重要力量。第三方智库是独立于政府或企业来完成智库职能的智囊机构。智库在社会决策形成过程中发挥着多种作用。它们通常履行四种主要功能：面对决策者，提供决策方案和生产思想原则的功能；面对社会吸纳和影响公众舆情的功能；公众与决策者的连接枢纽；储备候选人才的功能。不同于会计事务所的客观性监管职能，更多时候，第三方智库是通过不同渠道收集信息，进行处理分析，为委托方提供公正性评价职能为主，并在此基础上提供延伸的咨询与决策服务。

（一）第三方智库的职能作用

1. 提供决策方案和生产思想原则

智库的主要功能之一是提供决策方案，生产思想原则。智库一方面提供短期决策依据，另一方面提供思想或立法成规，影响长期性的决策所依据的思想原则。

不同于有明确服务对象的智囊机构，第三方智库所研究的问题范围更为广泛，内政外交、政治经济无所不及。从维护自身信誉的角度出发，思想会较少受到不同领域的影响，因而能够对公共政策提出全面的新看法。或专注于外交政策，或专注于内政问题等不同领域，或专注于某个特定方面，提出政策方案。以书籍、文章或建议文件的形式公布智库研究人员共同研究的成果，施加影响。

2. 吸纳和影响公众舆情

第三方智库还赋予自身吸纳和影响公众舆情的责任。从本质上讲，第三方智库其思想理论类智库成果是来自群众并为最广大的人民群众服务的，是由智库专家研究，通过人民群众的实践，最终作用于人民群众的思想与现实的成果。其主要目的是吸纳人民群众了解成果所包含的思想、理念、文化、原则，总结人民群众的思想理论类智库成果，是从人民群众的实践中提炼需求，再经过推敲加工而形成的。因此，第三方智库的成果也应该是最容易被群众接受、使用的，对人民群众的实践具有指导作用。

3. 公众与决策者的连接枢纽

第三方智库作为公众与决策者的连接枢纽，既吸纳和影响公众舆情，也对以往实践进行反思和分析，引导决策者决策时绕开陷阱，少走弯路，找出解决问题的适当方法与途径。面对舆论场中的各类信息，智库为决策者提供理论思想和决策方案的同时，也引导人们自觉将思想理论类智库的成果转化为实践活动的内容，增强对舆情的鉴别力，通过观察舆情，分析舆情，辨清良莠，明辨是非。

3. 储备候选人才

为社会各类决策储备人才这项功能是与智库长期联系在一起的。决策者离开相关岗位后，有一部分可以进入智库体例内。智库聘用这些人员，一方面因为他们能够带来自身的经验和见识，提升智库的影响力；另一方面，智库成为不同观点人才的储备库，为不同观点提供发声平台和人才储备网络①。

---

① R. Kent Weaver, “The Changing World of Think Tanks”, PS : Political Science & Politics, September 1989.

（二）第三方智库职能发展新要求

中央全面深化改革领导小组第三十二次会议审议通过了《关于社会智库健康发展的若干意见》（以下简称《意见》）。会议指出，规范和引导社会智库健康发展，对发挥民间智力、为党和政府决策服务具有重要意义；要优化发展环境，拓展社会智库参与决策服务的有效途径，完善社会智库人才政策。毫无疑问，《意见》的出台对规范和引导社会智库健康发展具有重要意义。同时，也促使我们思考如何充分发挥民间智力。这也为智库作为第三方征询机构发挥其职能，帮助委托方科学决策，提升决策的合意性和影响力的同时，加强社会对决策背景和内容的理解发挥着积极的影响。

首先，面对“新时代”的发展，要求智库需要从全局高度深化认识。党的十八大以来，习近平总书记多次就加强中国特色新型智库建设作出重要指示。新型智库建设是经济社会发展的迫切需要，在全面建成小康社会、全面深化改革、全面依法治国、全面从严治党的新形势下，有大量的理论和现实问题需要研究解决，需要智库解答。

智库发展的“新时代”是相对于国内原来的智库类机构和智库类活动而言的。依照职能划分，国内具有政策研究咨询性质的机构，如党政机关政策研究部门、社科院、党校、行政学院、一些企业和民间的机构，都可以称之为智库。而“新型”是指智库服务决策的渠道是多样的，活动更加规范化、制度化，通过不断整合协调，充实完善智库要素，切实履行智库功能。“中国特色”，是相对于国外智库而言。与西方智库相比，中国特色新型智库最大的特点是坚持马克思主义的指导，坚持中国特色社会主义方向。中国特色新型智库就是要为党和政府科学决策服务，就是要围绕中心、服务大局，始终以维护国家利益和人民利益为根本出发点，充分体现中国特色、中国风格、中国气派。

其次，要从世情、国情变化的角度深化对新型智库建设的认识。当代世事、国事高度复杂，从国际形势来看，不稳定、不确定性因素明显增加。从国内来看，中央对国内形势提出了“新时代”的概括，但新时代的各种表现，主要矛盾的变化、经济基础、发展周期因素等还需要进行深入研究。在复杂的国际国内形势下，决策部署特别需要集思广益，特别需要智库开展前瞻性、针对性、储备性政策研究，提出符合中国实际、符合决策需求的专业化、建设性、切实管用的政策建议。

再次，提升我国智库的影响力和国际认同。智库的影响力和认同标准主要通过三种方式表现。一是政府认同。如“国家高端智库”，各省级智库、高校智库等。二是智库排行榜或智库联盟认同。进入智库排行榜或者联盟的机构被认同为智库。三是自我认同。研究机构自称智库或者在公开场合以智库的身份发言、提供决策咨询服务等。随着智库的发展，中国特色新型智库将会形成智库行业。在此过程中，智库的研究者、运营者会逐步形成行业自觉意识。

最后，智库独立性问题。独立性的核心要义是思想独立，是不受外界干扰，包括权力和利益的干扰，不带着先验结论，去探究待解问题的本源，因此，思想独立下的智库研究是一个“求真”的过程。但仅仅以“求真”为目标，还不足以道明独立性的价值，作为连接知识与政策的纽带和桥梁，智库的生命力在于影响决策，因此，智库独立性还包括行动的独立性，即以策略的方式，改变公共政策，协调利益关系，增进公共福祉。

应当承认，就当前中国智库所处的发展阶段而言，体制内和体制外智库都有进一步提升独立性的空间。一方面，体制内财政拨款的智库面对的生存压力相对较小，有利于全身心地投入公共政策和国家战略研究，保持行动的独立性；另一方面，体制外智库要把社会责任放在首位，紧紧围绕党和政府决策的重大课题开展咨询研究，保持价值的中立性。同时，增强智库独立性的主要途径，还在于深化智库产品市场的供给侧结构性改革，建立一套有助于鉴别智库产品优劣的机制。主要体现在两个方面：一是在研究项目甄选和管理中，引入公平竞争机制，采用平行立项和智库同行评议的方法，从源头上激发智库思想的独立性；二是在成果验收和评价环节，采用第三方评估和信息公开制度，斩断“拿谁的钱就为谁说话”的利益链条，确保智库行动的独立性。

智库是服从于国家利益的独立思考与行动。明辨中国特色新型智库的独立性，扬弃智库独立性的美国标准，对于正确理解和把握中国特色新型智库的科学内涵具有重要意义。《意见》的出台，有助于从体制上鼓励社会智库增强独立性，这既体现执政党海纳百川的广阔胸襟，又反映着眼长远的治国理念，也有利于避免重现历史上曾经有过的“个人崇拜”和“千人之诺诺”。

第五节 第三方信用机构（评级）的职能与发展

信用评级也称为资信评级，是由专业的独立机构或部门，根据独立、客观、公正的原则，采用科学的综合分析和评价方法，通过收集定性、定量的信息对影响经济主体（主权国家、地方政府、工商企业、金融机构等）或金融工具（债券、优先股、结构性融资、资产证券化、商业票据等）的风险因素进行综合考量，从而对这些经济主体或金融工具在特定期间内按时偿付债务（利息、本金、优先股股利等）的能力和意愿进行评价，并用简单明了的符号将这些意见向市场公开，达到将信用风险公示目的的一种活动。信用评级机构是金融市场上发行人和投资者之间信息交互的通道。在发挥监管与评价的职能的同时，也逐步具备了一定程度上的增信职能。评级机构的发展与变革对于第三方信用的探索具有很高的借鉴意义。

（一）我国信用评级机构的发展历程

与第三方机构较长的历史脉络不同，我国第三方信用机构最早来自于金融领域的信用评级行业。我国信用评级行业的产生源于 1987 年，中国人民银行为了规范企业债券的发行开始牵头组建信用评级机构。2005 年后随着债券市场的发展，信用评级行业也开始加速发展。回顾我国信用评级机构近 30 年的发展历程，大致可以将其分为起步、探索、成长和快速发展四个阶段：

1. 起步阶段（1987—1992 年）

为了规范我国企业债券的发展，1987 年在中国人民银行和国家发改委的牵头下组建了第一家信用评级机构——吉林省资信评估公司。之后这类评级公司在全国各地纷纷落地开花，最多时曾达到 96 家。1989—1990 年，我国国内的高通货膨胀环境引发了抢购风潮，中国人民银行总行下达了全部撤销银行内部的评级公司的通知，并设立了全国信誉评级委员会来开展评级业务。

1987 年，我国第一家信用评级机构获得中国人民银行批准成立。此后，陆续组建了一批信用评级机构，都是由中国人民银行负责审批、管理和监督。1989 年后，中国人民银行下发通知要求撤销各分行出资设立的信用评级机构，将信用评级业务交由信誉评级委员会来办理。各省、自治区、直辖市可以设立一家信誉评级委员会，评级委员会的业务以企业债评级为主。中国人民银行各省、自治区、直辖市分行负责信誉评级委员会的审批并报总行备案。银行系统之外的外部资信评级机构的审批也由中国人民银行负责。这个时期中国人民银行是信用评级行业的唯一监管主体，全面负责信用评级机构的审批、资质认证和管理。

2. 探索阶段（1993—1999 年）

在这个阶段，信用评级机构在债券市场的地位得到确立，极大地推动了信用评级行业的发展。其发展呈现出两个特点：一是评级业务种类比较窄，仅限于对贷款企业的评级和企业债券的评级；二是信用评级市场的格局基本确立。1997 年，中国人民银行初步确定了 9 家信用评级机构为企业债券进行信用评级的资格。此后，每年企业债券评级、可转债信用评级业务基本由中诚信、大公国际、联合信用、上海远东等机构负责。

1992—2003 年，我国金融业逐渐确立了分业经营、分业监管的格局，债券市场的管理被分割为三部分：银行间债券市场管理归属于中国人民银行；公司债券管理归属于证监会；企业债券业务由发改委负责管理。对信用评级行业的监管也呈现出多主体、多层次的模式，这一点集中体现在不同的监管主体各自负责评定、发布允许市场准入的信用评级机构名单上。

3. 成长阶段（2000—2004 年）

此阶段我国政府高度重视社会信用体系和信用制度的建设与完善，认为信用评级行业是资本市场健康发展的重要基础设施。政府开始加大对信用评级行业的培育和发展力度。这表现在随着债券市场的债券品种增多，监管部门进一步扩大了信用评级结果的援引范围，也进一步创造和提升了市场对信用评级的需求。

4. 快速发展阶段（2005 年至今）

我国债券市场自 2005 年后迅速扩张，这为信用评级行业的发展打下了良好的市场基础，信用评级行业开始进入发展的快车道。一是我国信用评级机构初具规模且行业龙头初步显现。目前我国从事信用评级的机构有 100 多家，有 5 家初具规模，分别为联合资信、中诚信、大公国际、上海新世纪、上海远东。

二是在信贷市场上主体评级和债券评级的种类都增加了不少，如主体评级除了借款企业的主体评级外，还有担保公司主体评级和集团企业主体评级；债券评级方面增加了各种票据、公司债、企业债、短期融资券、可转债、金融债等的信用评级。三是我国信用评级机构积极开展与国际评级机构的合作。2005 年 10 月，联合资信与惠誉开展评级项目合作。2007 年惠誉评级持有联合资信 49% 的股份，成为其两大股东之一。2006 年穆迪购买中诚信 49% 股份。四是债券信用评级市场呈现出寡头垄断格局。无论是企业债券、中期票据还是短期融资券，中诚信、联合资信、大公国际和新世纪基本占据了债券市场的主要份额。

2005 年，中国人民银行颁布《短期融资券管理办法》，允许符合条件的非金融企业在银行间债券市场向机构发行短期融资券，同时要求所发行的短期融资券均须获得经过中国人民银行资质认证的评级机构的信用评级。2006 年 3 月和 11 月，中国人民银行分别印发《中国人民银行信用评级管理指导意见》和《信贷市场和银行间债券市场信用评级规范》，对从事银行间债券市场和信贷市场评级业务的评级机构、业务和管理要求作了规定，统一了信用评级的要素、标识及含义。2013 年，为了进一步促进市场的发展和良性竞争，中国人民银行改变信贷市场信用评级管理方式，由事前认可改为着重进行事中事后监测和管理，规范评级操作。2014 年，中国人民银行再次公布了评级结果可以在银行间债券市场公布的 6 家信用评级机构名单。2016 年 10 月 12 日，为了规范信用评级活动，保护当事人合法权益，促进信用评级业健康发展，中国人民银行会同发改委、证监会起草了《信用评级业管理暂行办法（征求意见稿）》。

1997 年颁布的《中华人民共和国证券法》第 167 条明确规定，国务院证券监督部门依法对证券资信评估机构监督和管理。2007 年，证监会发布了《证券市场资信评级业务管理暂行办法》。2016 年 12 月，证监会再次公布了取得中国证监会证券评级业务许可的资信评级机构名录。

国家发改委负责企业债券的发行核准，承担企业债券评级业务指导。2003 年，认可 5 家评级机构；2008 年和 2011 年又分别认可了鹏元资信和东方金城的评级资格。

保监会明确规定保险公司所投资债券必须经由保监会认可的信用评级机构评级，并且规定了各类债券的最低信用等级要求。2004 年，保监会从评级结果使用的角度核准了5家评级机构；2007年2月，保监会对保险机构建立内部评级提出了要求；2013年，保监会发布认可7家信用评级机构能力备案的公告；2014年，保监会又认可了中债资信评估有限公司。

虽然自2005年以来我国信用评级行业得到较快的发展，但也不过短短的十几年，总体上来说，信用评级机构的声誉资本较弱，公信力不强，很难与国际知名三大评级机构竞争。

（二）我国评级机构发展的挑战

1. 缺乏统一完善的监管立法

目前，我国还没有专门针对信用评级进行监管的法律，只是散见于一些法律条例和部门规章有关于信用评级和信用评级机构的规则。现有涉及信用评级的法规文件近60项，发布的主体包括中国人民银行、国家发改委、证监会、银监会、保监会、上交所和深交所、证券业协会、交易商协会，但大部分是针对评级结果使用的一些规范或要求，专门针对信用评级机构及其评级行为进行约束管理的法规文件较少。其中主要有2006年中国人民银行发布的《信用评级管理指导意见》与《信贷市场资信评级业务管理暂行办法》；2007年中国证监会发布的《证券市场资信评级业务管理暂行办法》；2013年中国人民银行发布的《关于加强中国银行间债券市场信用评级作业管理的通知》。但是这些部门规章和条例仅仅适用各自管理的市场，标准不统一，立法层次较低，规范和要求比较粗疏，条文偏向原则性表述，可操作性较差。

2. 缺乏统一的监管主体，市场准入制度不一致

我国信用评级业务涉及金融市场多个领域，中国人民银行、国家发改委、证监会等部门在各自职责范围内，通过对不同债券品种的管理而对信用评级机构进行监管，其中银行间债券市场和信贷市场信用评级业务由中国人民银行监管，交易所市场的信用评级业务由证监会监管，企业债信用评级业务则由发改委监管。早在2003年9月，国务院“三定方案”就已明确由中国人民银行成立“征信管理局”，负责管理信贷征信企业，推动社会信用体系建立。2016年发布的《征求意见稿》再次明确中国人民银行是信用评级业的主管机构，但对分割的债券市场评级机构的资质认定和业务管理仍是由不同部门进行。不同部门认可资质的标准和准入门槛高低也不同，比如信贷市场中的市场准入门槛较低，

被认可的信用评级机构的数量达到80多家。这些机构在公司背景、管理水平、业务素质等方面良莠不齐、高低不一，而债券市场上存在多头管理，认可的信用评级机构较少，只有7家，评级业务的管理也较为严格。这种多头监管局面对信用评级行业的公信力和权威性带来一定的影响，也容易引起无序竞争。另外，这种多头监管、多头认证也极容易导致信用评级机构监管重叠和监管套利。

3. 信息披露监管不健全

虽然《证券市场资信评级业务管理暂行办法》《信贷市场和银行间债券市场信用评级规范》都对信用评级机构提交给监管机构的信息披露资料作出了详细的要求和规定，但是并没有强制要求评级机构向社会公众和投资者进行信息披露，更不用说对信息披露的具体内容和格式作出要求了。2016年10月，中国人民银行发布的《信用评级业管理暂行办法（征求意见稿）》第38条要求评级机构应当通过市场监督管理部门指定的网站或公司网站进行信息披露，但是这些信息只对会员开放，非会员投资者想要获得有效信息不仅费时费力，数量也非常有限，难以借此对不同信用评级机构的评级质量进行比较和判断，这必然导致对信用评级机构的市场约束功能无法发挥作用。

4. 对利益冲突的监管不清晰

我国信用评级机构的评级业务绝大多数采取的是发行人付费模式，这意味着利益冲突应该是监管的重点和难点。《征求意见稿》主要明确了从评级机构的独立性和评级人员的独立性来进行利益冲突的监管。对评级机构的独立性问题主要采取了禁止制度，并列举了4种情形下信用评级机构不得开展的评级业务。在保证评级人员的独立性方面，也仅仅列举了4种情形要求信用评级机构建立回避制度。从这些规定来看，一方面，中国人民银行对主要利益冲突类型的界定不全面，比较模糊；另一方面，对利益冲突监管的措施比较简单，不能根据利益冲突的严重程度进行差异化监管，可操作性不强。

5. 行业自律监管薄弱

信用评级行业协会是实现行业自律管理的行业组织机构，主要通过制定自律公约及有关的业务规章和收费标准来规范和约束信用评级机构的评级活动或行为，促进行业整体良性发展。2010年中国证券业协会证券资信评级专业委员会和中国银行间市场交易商协会信用评级专业委员会相继成立，但两个自律组织层次较低，主要在证券业协会和交易商协会下开展工作，成立时间较短，很难有效发挥自律的作用。

6. 投资者利益保护不够，惩罚不力，机制不健全

从各市场监督管理部门出台的管理条例和办法来看，对于信用评级机构违规的惩罚普遍是行政问责，力度比较轻，最严重的惩罚也不过是退出信用评级市场，罚款金额较低，一般是违法金额的 1 倍以上 3 倍以下，很难起到震慑作用。尤其是对于信用评级机构违规违法行为给投资者造成损失的赔偿机制没有建立，缺乏民事责任追究制度，无法对投资者利益进行保护。

第六节　第三方组织机构、第三方信用机构的发展特征

（一）信息服务内在要求成就第三方

首先，当市场上需求小于供给或产品消费需求大于生产供给，供给方为尽快实现产品销售，更多地获得市场份额，就必须加快产品的交易频率，降低交易成本。寻找市场中介提供的信用中介服务，以降低交易成本，就成为市场交易主体的理性选择。利益双方之间最主要的交易费用是监督费用。企业为实现利润最大化，会采取许多降低成本的策略，如降低产品质量。作为消费者购买商品时难以对产品质量进行评估，为避免自己的利益蒙受损失，消费者引入市场信用中介就成为必然。

其次，在商品生产过程中，由于要素的稀缺性，企业具有机会主义行为倾向，每个企业都谋求要素配置的最优化。如果单凭企业自己在要素市场上讨价还价，势必造成企业信息成本居高不下，并形成企业对要素资源的掠夺，进而抬高各种市场要素的价格，影响企业的扩大再生产。通过市场中介来实现要素资源配置，实现要素在企业之间的合理分布，减少要素流通成本，是市场中介产生的内在要求。

最后，市场中介组织具有低廉的信息成本、专业化的考核能力和独立性。市场中介组织拥有较完备的信息网络和专门人才，其信息收集和信息甄别能力较强；同时，市场中介组织与政府部门相比，其对企业的构成和产品有更多的

认知，从而能有效地解决企业考核中的信息不对称问题。

（二）第三方机构信用化发展趋势

第三方信用机构的核心功能是评价、监督和增信，具体来说，就是失信惩戒机制，其由“黑名单系统”和“市场联防机制”两部分组成。机制有挖掘新数据和所有授信人主动参与的特点，能够不动用司法手段而形成对失信者的全方位约束，是一种更高效率监督机制、更低成本的评价方法和更可靠的增信手段。

第三方机构信用化发展是指通过不断地重视信用积累，参与社会信用体系建设和经营自身信用来扩大信用信息范围，减少检索信息的成本，扩大信息收集的渠道和来源，提升工作效率和质量。

第四章

我国新兴社会信用组织机构的第三方发展路径

自《中华人民共和国国民经济和社会发展第十二个五年规划纲要》（以下简称“纲要”）提出“加快社会信用体系建设”的总体要求以来，我国社会信用体系建设在各行各业全面铺开。截至目前，已经完成了诸多准备工作，进行了丰富的实践，并取得了阶段性成果。社会信用体系建设有利于体系中合意性、公正性及客观性的加强。其手段包括监管、评价及必要的增信。通过对第三方信用组织机构及其功能的梳理，我们可以尝试分析新兴信用组织机构的第三方发展路径。

第一节　社会信用体系建设的阶段性成果

第一，同一机构代码。机构代码的困局在中国由来已久。早在1989年，国务院便发布了《关于建立企业、事业单位和社会团体统一代码标识制度的通知》。2010年6月，国务院召开预防腐败工作联席会议第四次会议，确定由中国人民银行牵头，国家预防腐败局配合，会同有关业务主管部门共同研究落实建立社会信用代码制度。2013年3月，《国务院机构改革和职能转变方案》提出，要“建立以公民身份证号码和组织机构代码为基础的统一社会信用代码制度”。对于个人以身份证号码作为其统一社会信用代码，已获得社会各界的共识；但是，对于法人和其他组织的统一社会信用代码，由于种种原因，迟迟未能形成统一的方案。2015年3月，李克强总理提出年内实现“一证一号”的硬要求，各部门达成将统一社会信用代码应用于“一证一号”改革的共识。3个月后，国务院发布《关于转批发展改革委等部门法人和其他组织统一社会信用代码制度建设总体方案的通知》，正式明确了法人和其他组织统一社会信用代码的顶层制度设计。2015 年以来，企业工商营业执照、税务登记证、组织机构代码证实施“三证合一、一照一码”。2016 年 12 月 1 日，个体工商户启动实施“两证整合、一照一码”。2016 年 6 月 30 日，国务院办公厅发布了《关于加快推进“五证合一、一照一码”登记制度改革的通知》（国办发〔2016〕53 号），从 2016 年 10 月 1 日起正式实施“五证合一、一照一码”，在更大范围、更深层次实现信息共享和业务协同。2016 年，增量主体赋码实现全覆盖，存量主体代码的转换基本到位。2015 年 6 月 11 日为社会信用代码“统一日”。

第二，建立联合惩戒机制。联合奖惩、守信激励、失信惩戒机制是社会信用体系运行的核心机制。2016 年 5 月 30 日，国务院发布《关于建立完善守信联合激励和失信联合惩戒制度加快推进社会诚信建设的指导意见》。这个指导意见发布前后，国家发展改革委、中国人民银行牵头，先后与 40 多个部门联合签署了针对重大税收违法案件当事人、失信企业、违法失信上市公司、失信被执行人、安全生产领域严重失信生产经营单位、环保领域严重失信生产经营单位、食品药品生产经营严重失信者、产品质量严重违法失信人等对象的联合惩戒合作备忘录。对 A 级纳税人联合激励备忘录，优秀青年志愿者守信联合激励的行动计划，对海关高级认证企业实施联合激励备忘录也先后出台。联合惩戒机制首先是加强协同。减少部门本位主义、各自为政的情况，社会信用体系没法由各个部门关起门来自己搞，联合备忘录就是在特定的领域，明确由一家牵头，若干参与，大家一起解决问题。其次是给出路径。如何惩戒和激励，是一个较长链条的流程，记录、分类、扩散、应用都需要有规范的执行。备忘录就是画一个路线图。

第三，建立信用数据信息中枢和门户。面对原有碎片化、孤岛化、烟囱化的信息，特别是有的有信息但没有准确记录，有的是有记录没有有效归集，有的是有归集但难以共享，各地、各部门信用信息系统采集、处理、加工均自成体系，数据交换困难，业务协同无从谈起。包括“一库、一平台、两网站、四系统”在内的全国信用信息共享平台先导工程于 2015 年 10 月底启动搭建完成，定位是全国信用信息共享的“总枢纽”。公开数据显示，该平台已联通 39 个部门和所有省区市，归集各类信用信息80亿条。国家发改委（国家信息中心）与金融机构、互联网企业、信用服务机构、共享单车企业签订合作备忘录；和百度、奇虎360、工商银行、国家开发银行、阿里巴巴等37个机构签署了合作协议，推动信息共享和开发利用。2015年6月1日，“信用中国”网站正式上线运行。截至目前，网站已发布信用信息1.4亿余条（包含企业基础信息、红黑名单信息、行政许可与行政处罚信息、统一社会信用代码信息）。其中，“双公示”信息累计超过3000万条。日访问量超过500万人次，网民浏览、查询“信用中国”网站已累计突破4亿次。

第四，建立失信执行人名单。在社会信用体系的语汇范畴中，法院是一个重要的存在。一方面，人民法院通过执法办案形成的被执行人失信信息具有极高的权威性，是社会信用信息中非常重要的组成部分；另一方面，法院为了破解长期困扰的“执行难”问题，也需要把对失信被执行人的惩戒，延展扩充，以信用的名义进行手段创新。2013年7月，最高人民法院发布了《关于公布失信被执行人名单信息的若干规定》，正式建立失信被执行人名单制度。近年来法院系统主导的对失信被执行人进行惩戒的措施，按时间排序如下：

《关于限制被执行人高消费及有关消费的若干规定》(2015年7月修订)；

《关于对失信被执行人实施联合惩戒的合作备忘录》(2016年1月发布)；

《关于加快推进失信被执行人信用监督、警示和惩戒机制建设的意见》(2016年9月发布)；

《关于在招标投标活动中对失信被执行人实施联合惩戒的通知》(2016年9月发布)；

《关于公布失信被执行人名单信息的若干规定》(2017年1月修订)。

其中《关于加快推进失信被执行人信用监督、警示和惩戒机制建设的意见》由中办、国办联合下发，是这5年中的一份重头文件。

自2013年最高法院建立失信被执行人名单库以来，截至2017年年末，全国法院共纳入失信人761万例，共限制733万人次购买机票、276万人购买动车、高铁票。各地也创新了“老赖铃声”“直播抓老赖”、闹市大屏显示名单等举措。公开资料显示，84万名失信被执行人主动履行了义务。

第五，加速出台信用标准。标准就是技术立法。《纲要》中将“社会信用基础性法律法规和标准体系基本建立”作为建设的主要目标之一。制定和完善相关的标准并形成完整的标准体系，是社会信用体系建设和运行的基础和保障。2016年7月15日，全国社会信用标准化技术委员会正式成立，共75名成员，“社会信用标准”概念得到认可正式确立。截至2017年6月30日，全国社会信用标准化技术委员会已经发布信用国家标准29项，列入至修订计划的标准28项（其中修订3项，制定25项）。截至2017年5月25日，国家标准文献共享服务平台可检索到的信用类行业标准34项（其中7项、9个金融行业标准由TC180制定），信用类地方标准19项，信用类团体标准4项，信用类企业标准2项（由非征信机构制定的某领域信用系统标准）。这些标准是信用国家标准在行业、地方、团体、企业等领域必要的补充，共同构成相辅相成、互为补充的社会信用标准体系。

第六，发挥市场作用，信用行业再出发。据统计，目前全国拥有行业协会商会总数达7万余个，行业协会商会普遍采用会员制形式，目前联系的入会企业达2000多万家，覆盖了全国80%以上的企业。显然，行业协会商会既有社会成员的一般属性，同时又是同行业企业自愿组成的特殊社会成员，既是自身信用建设的主体，也是行业信用建设的组织者、引领者和推动者。2006年以来，全国整规办、国资委、商务部批准了15批212家行业协会、商会、联合会等全国性社会团体，作为参与单位实施行业信用评价工作，国资委行业协会商会工作局、商务部市场秩序司作为具体组织指导单位。12年来，这种“行业组织+第三方信用服务机构”的模式，由于面广量大，缺乏有效监管，并没有完全践行坚持“诚信、客观、公正、独立”的原则，一些行业协会售卖信用的行为并未杜绝，问题较多。2016年12月27日，国家发改委、民政部组织召开全国性行业协会、商会综合监管暨信息共享工作会议，663家全国性行业协会、商会参会。2017年3月15日，国家发改委召开部分行业协会信用体系建设工作座谈会。同年5月5日，召开重点行业协会商会信用体系建设示范启动会。规范、标准、公信力、市场化、场景应用、授权、打通，这些新鲜的词汇在官方发表的文章中已被提及，对下一步行业信用建设如何发展给出了路径。行业信用建设已经站在新起点上，未来在社会信用体系建设中作用可期。

第七，探索地方信用。2014年10月，《纲要》发布后不久，国家发改委发布《关于贯彻落实社会信用体系建设规划纲要加强当前社会信用体系建设的通知》，从 10 个方面指导地方开展信用体系建设。2015 年 8 月，国家发改委与央行批准沈阳等 11 个城市开展信用示范城市创建；2016 年，又批准 32 个城市。这 43 个城市被赋予先行先试、积累经验的任务。与此同时，自 2015 年下半年，国家发改委组织中国经济信息网对城市进行信用状况大数据监测，对 36 个副省级以上城市、260 个地级市进行评估，对排名倒数的城市进行预警。在顶层积极鼓励下，2017 年成为地方信用立法元年。同年 3 月湖北出台《湖北省社会信用信息管理条例》。同年 10 月 1 日，《上海市社会信用条例》正式实施。《河北省社会信用信息条例》《浙江省公共信用信息管理条例》均在当年 9 月下旬通过，并于 2018 年 1 月 1 日起实施。顶层的强力推动和地方的创新智慧结合，才会让社会信用体系建设拥有持久的活力。

第二节　政府采购中相关的第三方信用实践探索

2014 年 3 月，国家机关事务管理局中央国家机关政府采购中心和国资委商业信用中心共同开展《政府采购中商业信用评价与应用》的第三方信用评价探索。2017 年 10 月 16 日，国家发展改革委财政金融司发布《关于引入第三方信用服务机构协同参与多领域及特定领域行业信用建设和信用监管工作的函》。为了充分发挥专业化信用服务机构在信用建设和监管中的积极作用，发改委财政金融司拟再引入一批综合实力强、信用服务经验丰富、社会信誉好的信用服务机构协同参与行业信用建设和信用监管工作。我国开展信用评价工作实行的是政府推动，市场运作。其中提到的市场运作就是指由原来的政府行为推向市场，转为由专业第三方独立运作，目的是与国际信用管理体系接轨，彻底实现公开、公正、公平的“三公原则”。通过第三方信用形式的探索，逐步提升政府采购的效率，解决政府采购过程中的一些问题并逐步发挥出一些政府采购的外部性和衍生功能。

采购是指各级政府为了开展日常政务活动或为公众提供服务，在财政的监督下，以法定的方式、方法和程序，通过公开招标、公平竞争，由财政部门或者企业出纳以直接向供应商付款的方式，从国内、外市场上为政府部门或所属团体购买货物、工程和劳务的行为。其实质是市场竞争机制与财政支出管理的有机结合；其主要特点就是对政府采购行为进行法制化的管理。十八大以来，随着我国行政管理体制和经济体制的深化改革，采购领域改革也呈现新动向，突出表现在采购制度完善和采购模式创新两个方面。采购方式主要有公开招标、邀请招标和竞争性谈判等6种形式，下面对其一一介绍比较。

表1　采购方式比较

采购方式	适用条件
公开招标	集中采购目录以内的或者公开招标数额标准以上的货物、工程和服务
邀请招标	①具有特殊性，只能从有限范围的供应商处采购的； ②采用公开招标方式的费用占政府采购项目总价值的比例过大的
竞争性谈判	①招标后没有供应商投标或者没有合格标的或者重新招标未能成立的； ②技术复杂或者性质特殊，不能确定详细规格或者具体要求的； ③采用招标所需时间不能满足用户紧急需要的； ④不能事先计算出价格总额的
单一来源	①只能从唯一供应商处采购的； ②发生了不可预见的紧急情况不能从其他供应商处采购的； ③必须保证原有采购项目一致性或者服务配套的要求，需要继续从原供应商处添购，且添购资金总额不超过原合同采购金额百分之十的
询价	采购的货物规格、标准统一、现货货源充足且价格变化幅度小的政府采购项目，可以依照本法采用询价方式采购。
竞争性磋商	①政府购买服务项目； ②技术复杂或者性质特殊，不能确定详细规格或者具体要求的； ③因艺术品采购、专利、专有技术或者服务的时间、数量事先不能确定等原因不能事先计算出价格总额的； ④市场竞争不充分的科研项目，以及需要扶持的科技成果转化项目； ⑤按照招标投标法及其实施条例必须进行招标的工程建设项目以外的工程建设项目

表2　不同采购形式数额标准

<table>
<tr><th>采购方式</th><th>数额标准</th></tr>
<tr><td>公开招标</td><td rowspan="2">属于中央预算的政府采购项目，由国务院规定；属于地方预算的政府采购项目，由省、自治区、直辖市人民政府规定</td></tr>
<tr><td>邀请招标</td></tr>
<tr><td>单一来源</td><td rowspan="3">集中采购目录以内，且未达到公开招标数额标准的货物、服务；未达到公开招标数额标准、采购限额标准以上、集中采购目录以外的货物、服务；达到公开招标数额标准、经批准采用非公开招标方式的货物、服务；按照招标投标法及其实施条例必须进行招标的工程建设项目以外的政府采购工程</td></tr>
<tr><td>竞争性谈判</td></tr>
<tr><td>竞争性磋商</td></tr>
<tr><td>询价</td><td>符合上述数额标准的货物采购</td></tr>
</table>

公开招标又叫竞争性招标，是指招标人以招标公告的方式邀请不特定的法人或者其他组织投标，即由招标人在报刊、电子网络或其他媒体上刊登招标公告，吸引众多企业单位参加投标竞争，招标人从中择优选择中标单位的招标方式。按照竞争程度，公开招标可分为国际竞争性招标和国内竞争性招标。公开招标有利于开展真正意义上的竞争，最充分地展示公开、公正、公平竞争的招标原则，防止和克服垄断对市场的扭曲；能有效地促使承包商在增强竞争实力修炼内功，努力提高工程质量，缩短工期，降低造价，求得节约和效率，创造最合理的利益回报；有利于防范招标投标活动操作人员和监督人员的舞弊现象。参加竞争的投标人越多，每个参加者中标的机率将越小，白白损失投标费用的风险也越大；招标人审查投标人资格、招标文件的工作量比较大，耗费的时间长，招标费用支出也比较多。应该肯定，公开招标的优点是主要的，缺点则是次要的。因而在实践中，应大力提倡公开招标，使公开招标迅速成为建设工程招标的主要方式，是符合工程交易发展潮流的。

邀请招标也称为有限竞争招标，是指招标人以投标邀请的方式邀请特定的法人或其他组织投标，是一种由招标人选择若干供应商或承包商，向其发出投标邀请，由被邀请的供应商、承包商投标竞争，从中选定中标者的招标方式。

其特点是邀请投标不使用公开的公告形式；接受邀请的单位才是合格投标人；投标人的数量有限。

竞争性谈判是指采购人或者采购代理机构直接邀请三家以上供应商就采购事宜进行谈判的方式。其特点是一是可以缩短准备期，能使采购项目更快地发挥作用；二是减少工作量，省去了大量的开标、投标工作，有利于提高工作效率，减少采购成本；三是供求双方能够进行更为灵活的谈判；四是有利于对民族工业进行保护；五是能够激励供应商自觉将高科技应用到采购产品中，同时又能降低采购风险。

单一来源采购是指只能从唯一供应商处采购、不可预见的紧急情况、为了保证一致或配套服务从原供应商添购原合同金额10%以内的情形的政府采购项目，采购人向特定的一个供应商采购的一种政府采购方式。

询价采购是指对几个供货商（通常至少三家）的报价进行比较以确保价格具有竞争性的一种采购方式。其特点是，一是邀请报价的供应商数量至少为三家；二是，只允许供应商提供一个报价，每一供应商或承包商只许提出一个报价，而且不许改变其报价，不得同某一供应商或承包商就其报价进行谈判。报价的提交形式，可以采用电传或传真形式；三是，报价的评审应按照买方公共或私营部门的良好惯例进行。采购合同一般授予符合采购实体需求的最低报价的供应商或承包商。

竞争性磋商采购方式是指采购人、政府采购代理机构通过组建竞争性磋商小组（以下简称磋商小组）与符合条件的供应商就采购货物、工程和服务事宜进行磋商，供应商按照磋商文件的要求提交响应文件和报价，采购人从磋商小组评审后提出的候选供应商名单中确定成交供应商的采购方式。

采购未来发展展望将会逐渐从订单需求，到主动管理最后向提供服务转变。在这个转变过程中有一些技术与模式逐渐显现。

1. 大数据精准化经营

大数据营销是指通过互联网采集大量的行为数据，首先帮助广告主找出目标受众，以此对广告投放的内容、时间、形式等进行预判与调配，并最终完成广告投放的营销过程。大数据营销随着数字生活空间的普及，全球的信息总量正呈现爆炸式增长。基于这个趋势之上的是大数据、云计算等新概念和新范式的广泛兴起，它们无疑正引领着新一轮的互联网风潮。数据规模的增长和数据维度的不断增加使得新的商业契机出现。

用户行为与特征分析。只有积累足够的用户数据，才能分析出用户的喜好与购买习惯，甚至做到“比用户更了解用户自己”。这一点，才是许多大数据营销的前提与出发点。精准营销信息推送支撑。精准营销总在被提及，但是真正做到的少之又少，反而是垃圾信息泛滥。究其原因，主要就是过去名义上的精准营销并不怎么精准，因为其缺少用户特征数据支撑及详细准确的分析。引导产品及营销活动投用户所好。如果能在产品生产之前了解潜在用户的主要特征，以及他们对产品的期待，那么产品生产即可投其所好。竞争对手监测与品牌传播。竞争对手在干什么是许多企业想了解的，即使对方不会告诉你，但你却可以通过大数据监测分析得知。品牌传播的有效性亦可通过大数据分析找准方向。例如，可以进行传播趋势分析、内容特征分析、互动用户分析、正负情绪分类、口碑品类分析、产品属性分布等，可以通过监测掌握竞争对手传播态势，并可以参考行业标杆用户策划，根据用户声音策划内容，甚至可以评估微博矩阵运营效果。

2. 供应链金融

供应链金融其本质是对供应链结构特点、交易细节的把握，将核心企业和上下游企业联系在一起提供灵活运用的金融产品和服务的一种融资模式，即是把资金作为供应链的一个溶剂，增加其流动性。供应链金融促进供应链的发展体现在资金注入和信用注入两方面：一方面解决相对弱势的上、下游配套中小企业融资难和供应链地位失衡的问题；另一方面，将银行信用融入上、下游配套企业，实现其商业信用增级，促进配套企业与核心企业建立起长期战略协同关系，从而提升整个供应链的竞争能力。采购平台通过自身数据信息分析，加上合同和长期协同关系产生的信用信息，具备了发展供应链金融从而促进产业进一步协同发展的基础。

3. 价值再创造

处于同一个供应链的生态系统，成员间互相学习、互相借鉴、资源共享、能力互补，组合创新出无限可能。供应链生态系统的形成，可以说是采购工作最能体现价值、最有成就感的事情。除了供应链的核心企业组织生态圈，供应商由于市场竞争和自身发展的需要，也不断进行技术创新与管理提升，核心企业及时了解供方最新动态，充分利用，就会获得基于供应商创新带来的竞争优势。采购管理层级上由企业内部协同进入供应链生态系统，管理的目标由成本管理升级为价值创造。

价值再创造的过程将会呈现出以下特征。

——跳出围墙：参与主体已经不是一个企业，而是这个企业的供应链上下游伙伴，包括客户、供应商，甚至供应商的供应商。

——价值创造：进入供应链生态阶段的企业，大都目标长远、管理卓越，希望通过价值创造打造供方、企业、客户可持续发展、多赢的供应链生态系统。

——高效协同：不断优化信息流、物流、资金流，实现供应链成员之间的高效协作。

——互助提升：把供应商的问题当成自己的问题，不断地支持、辅导供应商，提高供应商的能力与管理水平。同时也向供应商学习，充分挖掘、利用供应商的专业能力。

——定位升级：采购中心向供应商支持中心、采购联盟或行业平台升级，成为真正意义上的利润中心。

第三节　商业平台市场中第三方信用场景实践

零售作为商品从流通领域进入到消费领域的最后一道环节，有其自身的内涵、特点和功能。根据 2001 年 8 月颁布《零售业态分类规范意见》，零售业态是指零售企业为满足不同的消费需求而形成的不同的经营形态。业态的分类主要依据零售业的选址、规模、目标顾客、商品结构、店堂设施、经营方式、服务功能等确定。目前我国已打破百货商店单一业态的格局，形成了百货、超市、便利店、专卖店等多种业态并存的格局。但伴随真信息和物联技术的发展，消费者面对海量信息和商品，缺乏有效的将自身需求与商品服务对接的机制。而第三方信用在现代零售过程中已经衍生出越来越复杂的模式，以适应全新的商业文化需求。

（一）零售平台市场的历史变迁

西方零售业经历了 150 年的发展历程，孕育了像沃尔玛、家乐福、麦德隆等一大批巨型零售企业，创造了百货、超市、仓储俱乐部等零售业态，相对于中国零售企业而言，具有规模、资金、技术、管理等多方面的优势。

中国零售业的发展，如果以业态的发展为标志，可以划分为两个阶段。20 世纪 90 年代以前以国有大型百货业态为主体的单一业态阶段。从 1978 年中共十一届三中全会召开到 20 世纪 80 年代中期，是中国经济体制改革的起步阶段。这时，大型商业零售业还没有成为我国流通规模扩张的主导型商业形态。第二阶段是指自 1984 年 10 月，中共十二届三中全会以后，以城市为重点的经济体制改革全面展开，全国形成了兴建大型商厦的热潮；1992 年，尤其是 1996 年以来以连锁超市为主体的多业态并存的阶段。自 20 世纪 90 年代后期，尤其是近几年来，大中型连锁超市企业的销售规模逐年递增，销售增长明显高于社会商品零售总额的增长与传统百货商店的增长。自 1994 年开始，中国连锁超市的平均增长速度在 70% 以上，成为各种零售业态中发展最快、极具市场活力与竞争力的零售业态。

（二）互联网消费模式与第三方信用

1. 互联网消费的模式

按提供信用信息服务主体的性质和功能划分，互联网消费中的第三方信用信息服务的模式如下。

按照交易对象划分，互联网平台主要有两类：B2B 是企业对企业的电子商务模式和 C2C 是个人对个人的电子商务。电子交易市场是一种中介商务，相对于市场用户而言，推出的信用信息服务也具有第三方的性质。因此，可以把这种信用信息服务模式也纳人第三方信用信息服务的范畴。电子交易市场的本质是一个提供信息的平台，本身并不介入具体交易，它扮演着“交易撮合者”的角色，同时更加经济地帮助用户之间建立相互信任关系。因为如果没有这个平台，这种信任就要靠在单个用户对单个用户个体之间去培养、鉴定和监督。有了电子交易市场平台，就可以建立品牌信任即系统信任。因此，电子交易市场在我国信用体系不健全的环境下，积极地应用和实施了新的信用模式。

2. 互联网消费的第三方信用

第一，促进信用信息共建共享，进一步推动社会信用体系建立。互联网消费的远距离、非接触特性，决定了它和实体商业模式最大的区别在于互信关系的建立。我国尚未建立完善的社会信用体系，特别是社会信用中介行业发展滞后。在旧有矛盾未得到解决的情况下，互联网消费的发展必然面临着更复杂、更严重的信用问题。当前各互联网消费信用评价系统还存在各自为政、信用孤岛、信用评价标准不统一等问题。因此，需要通过数据收集平台和数据分析能力等，开创独特的风控系统，打造自己的风控系统。

第二，净化互联网消费交易环境、保障消费者的权益。采用定性与定量方法相结合的评级系统，发挥专业化优势，逐步建立、完善信用评级服务程序。对各市场主体的基本素质、经营水平、财务状况、盈利能力、履约状况、管理水平和发展前景等方面进行综合分析和评价，通过建立相应的预警机制以及各部门的协调配合，对有不良违法记录或涉嫌违法的企业和个人实施监控，实行对失信的联合惩治，同时，更好发挥第三方机构和社会组织互联网平台信用监管中的积极作用。

（三）互联网零售业态的发展变革与第三方信用

中国是一个消费大国，互联网市场今后会在中国越来越繁荣。但伴随着互联网的发展，互联网零售业态也面临着许多不可忽略的问题与挑战。首先，互联网平台的发展缺乏相应的法律法规。由于中国的互联网市场起步较晚，法律法规不健全，针对互联网市场的法律法规不多，体系不健全、约束力不够，导致互联网平台的健康发展需要第三方信用认证体系的保障。这通过建立完善的法律法规制度，建立具有权威性的、公平的第三方认证机构，建立统一的第三方信用认证信息系统，促进互联网市场中第三方信用认证体系的健康发展，保障网络市场健康、高效、良好的发展。其次，产品信息泛滥，交易主体的信息披露不充分。目前，国内大多数电子商务网站的商品信息都较为全面，企业可以按产品类别迅速、便捷地获得商品信息。但是交易主体的信息发布却并不充分，用户在交易中很难对交易主体的信用及资质来做合理的判断，从而影响了交易的效率。与此同时，信用认证不能在多个网站通用。目前，网络市场中未形成标准化的认证机制，各大网站间的认证结果不兼容、不共享、不通用，使成本增加，严重阻碍了电子商务的信用建设。

因此，互联网平台未来的发展，需要在以下几个方面有所侧重。

第一，政策与法律的保障。立法是第三方信用认证体系的核心，完备的法律法规是第三方信用认证体系健康发展的保障。要加快立法的步伐，按照信息共享，公平竞争，有利于公共服务和监管，维护国家信息安全的要求，制定法律法规；要坚持规范与发展并重的原则，促进第三方信用认证体系的健康发展；要妥善处理好信息公开与依法保护个人隐私之间的关系，切实保护消费者合法权益，加强网络市场的安全性，净化网络市场环境。

第二，建立第三方信用认证机构。在整个互联网市场交易过程中，尤其是电子支付过程，为保证网络市场交易的安全性，第三方信用认证机构有着不可替代的地位和作用。目前，国内的互联网市场亟需有一个第三方平台来提供支撑，在确保交易主体的诚信度、透明度和权威性的同时，实现认证信息的互通和共享。第三方信用认证机构扮演着一个交易双方签约、履约的监督管理的角色，交易双方有义务接受认证机构的监督管理，从而保证交易的安全进行。第三方信用认证机构不仅要对网络交易的双方负责，还要对整个网络市场的交易秩序负责。

第三，建立统一的第三方信用认证信息系统。政府加大技术和资金的投入，建立统一的第三方信用认证信息系统。这样就可以适当公开个人或者企业的信用信息，提高征信数据的使用效率。在网络市场中使用这个统一的信息系统，可以使得信用认证数据在多个网站中通用，这样能够有效提高网络市场的运行效率，提高网络市场的安全性，保障消费者的合法权益。

第四节　金融科技在第三方信用机构领域的探索

伴随着互联网与大数据技术的飞速发展，无论是企业还是个人的行为都在进行数据化并被应用到生活的方方面面。大数据征信的迅速崛起，已经对传统信用业态产生了冲击，并引起了中国第三方信用行业悄然改变。

互联网金融带来了金融业态的多样性，促进了新金融的发展，而金融科技就是新金融发展与改革的助推器。金融系统的不断发展得益于金融创新，金融创新一方面适应了新的理财需求和资金需求，另一方面创造了新的产品或服务，直接或间接地对传统产品或服务产生了替代。比较优势（低成本和高质量）是金融创新得以生存的前提。在互联网信息技术高度发展的引领下，金融业的供给侧改革催生了金融科技。金融科技正式在信息爆炸，选择日渐丰富的当下，通过全新的技术手段，发挥第三方信用机构的筛选职能与专业作用的探索。

（一）金融科技的产生与发展

金融科技主要包含了第三方支付，P2P 互联网保险、区块链、数字货币比特币、物联网、云计算大数据与与计算等互联网技术。它是互联网金融发展的核心，它的产生与发展主要包含主观和客观两方面的原因。

主观上，金融市场的参与者，如金融产品的提供者、金融产品的需求者和金融市场监管者，都有推动金融创新与发展的动机，这是金融科技发展的原动力。首先，金融市场中介是“经济人”，追求利润的最大化。金融市场中介既有原金融业内的银行、证券和保险公司等传统金融机构，也有像余额宝、支付宝、众筹、P2P 等新型金融服务中介。这些金融市场的中介利用互联网进行集成创新，获取竞争优势地位。其次，是社会公众对金融创新的客观需求。融资方追求融资成本的最小化，资金提供者追求收益的最大化，以及融资双方对交易效率的追求，是金融创新产生的客观基础，是对金融创新的鼓励，是推动金融创新的拉力。最后，金融监管当局为金融技术创新提供稳定的发展环境。一般情况下，金融创新出现的初始阶段，监管层通常会对新事物采取默许、包容的态度，这将有效促成创新的自然生长，有利于创新充分展示其自身的特性，并找到自身发展的可能性边界及在金融业中的位置。

客观上，首先，互联网和金融具有天然的似合性，互联网的大数据平台、云计算工具，极大地降低了金融业信息采集、处理、存储的成本；同时，互联网平台和智能移动终端还跨地域地将各主体连接在一起，消除了空间和时间的限制，拓展了交易的广度，提高了交易的效率，从而产生了相对于传统金融的低成本、高效率优势。其次，金融中介为了规避金融监管，非银行金融机构的监管非常严格，普遍存在存款利率压制，以及不充分竞争带来的高利润，而金融科技的出现能够促使特别是非银行金融机构规避监管，追求高利润，在激烈的金融竞争环境中脱颖而出。最后，随着避税研究、金融工程学的兴起，放松管制和金融改革等也构成了金融创新兴起的重要原因之一。

2015 年，中国的金融科技迅猛发展，根据“网贷之家”的监控数据显示，截至 2017 年 10 月底，P2P 网贷行业历史累计成交量达到了 57812.8 亿元，2016 年同期历史累计成交量为 29650.33 亿元，上升幅度达到了 94.98%。截至 2016 年 12 月底，网贷行业正常运营平台数量达到了 2448 家，相比 2015 年底减少了 985 家。2016 年全年新上线平台为 756 家，而 2015 年全年新上线平台数量高达 2451 家，可见网贷运营平台数呈逐级减少趋势。

（二）金融科技对征信模式的影响

金融科技主要通过对征信业的思维模式、业务流程、产品和服务方式等方面产生影响，进而对征信业的发展提供新的机遇。

第一，对征信业思维模式的影响。征信业的思维模式是通过搜集客户的信用信息进行分析处理，依托所收集的信息进行严谨的因果推导，进而评判出客户的信用状况。而金融科技的思维模式是把全部数据收集存储，进行加工分析，关注的是信息数据间松散的相关关系，尤其可以揭示在以前数据量较少情况下无法发现的相关关系，即关注客户行为之间的相关性，进而对客户的行为进行预测，而不是探索是什么原因导致客户目前的行为。金融科技的思维模式有助于征信机构有效捕捉以前忽略的细节信息和小概率事件，并更好地预测被分析对象总体的发展趋势。

第二，对征信市场的影响。随着《征信业管理条例》的颁布实施，征信市场竞争将更有序、规范和市场化，掌握大量客户数据的互联网企业将借助数据优势进入征信市场。例如，第三方支付的电商金融之所以能够依赖电商平台开展内部的商户信贷业务，并通过频繁的资产交易做大规模，最本质的优势在于电商用户的交易数据和频率，信贷不良率控制在很低的水平，明显优于银行的小微信贷业务。例如，阿里金融通过数据化的平台开展征信操作，将商户的信贷风险控制在较低的程度。其他电商如苏宁、腾讯、京东等，不管是自己开展小贷业务，还是和银行合作开发信贷产品，所利用的均是电商平台上的客户数据。

第三，对征信机构信息数据采集途径和内容的影响。征信机构传统上采集征信信息的手段因机构性质不同而有差异。公共征信机构以德国、法国为代表，其通常由中央银行经营管理，并行使监管职能，其获取征信信息通常采取强制要求它们所监管的金融机构（如商业银行、财务公司、信用卡公司等）定期报送商业借款人与消费者借款人的信息。此外，不仅收集延期还款或拖欠等负面信息，也收集信贷的正面信息。私营征信机构是指产权私有、市场化运作的征信机构，包括由商会、银行业协会经营的征信机构，一般独立于政府和大型金融机构之外。私营征信机构不能强制银行或其他机构向其报送信息，通常以协议或合同的方式规范信息采集，其数据来源主要包括：提供信息服务的金融机构（包括租赁公司、信用卡发卡机构）信贷信息，政府掌握并对公众开放的公共记录（如破产、欠税和法院判决信息等），零售商、批发商之间的信用交易及给予消费者的消费信贷记录，有关消费者社会经济行为的数据等。而在金融科技时代，更多是通过分布在人们生活工作各个环节中的含有内建芯片、传感器、RFID（无线射频芯片）等具有电子神经的感知设备产品进行信息数据收集。这些产品与后端的计算机联接之后，可以全天候动态收集人们学习、工作、生活的各类信息数据，所收集的信息内容大幅扩展。同时，所收集的数据类型将更加丰富，包括文本数据、数学数据、统计数据、金融数据、图像数据、声音数据、地理空间数据、时序数据、机器数据等多种数据。

第四，对征信产品的影响。传统的征信产品主要包括信用报告、信用评分、信用评级和信用风险管理类产品等。金融科技有助于推动征信业务拓展，不仅将有效提升征信产品的质量，而且还将推动征信产品的创新，使产品设计更加注重客户体验，产品服务范围扩展到更广阔的社会生活领域。比如根据对客户的生活工作习惯等数据进行分析，预测客户的潜在需求，并有针对性地推销相应的征信产品或为客户量身订做相应的征信产品。在对传统征信产品的改进方面，以信用报告为例，金融科技背景下的信用报告可以结合客户的生活习惯、性格特点、财务状况、兴趣爱好等信息数据综合评判个人信用状况。与此同时，征信产品的形式也将更加多样化，可以是上报的报表、提交的报告、可视化的图表、详细的可视化分析或者简单的微博信息、视频信息等。

第五，对征信服务方式的影响。利用金融科技，征信机构的服务方式也将更加人性化，更加注重服务的即时、高效。以营销服务为例，依托金融科技，征信机构通过收集的详实数据勾勒出用户的“全貌”，从多方面对客户进行更加精确的筛选归类，从而提供差异化服务，提高营销服务的针对性和有效性，甚至实现一对一营销。在客户维护领域，它可以帮助征信机构更便捷、更及时地收集与分析客户对征信产品和服务效果的诉求，及时对客户提出的问题和建议进行反馈，提升客户忠诚度。同时，通过金融科技研究客户使用服务的有关数据及与征信机构所流失客户的有关数据进行分析，有助于预测发现可能流失的客户，从而改进客户维护策略，保证客户群体的稳定。

第六，对征信机构技术运用的影响。传统的征信技术主要包括数据采集技术、数据处理技术、模型评分技术和数据报告技术等。在金融科技时代，金融科技将会贯穿征信业务的整个流程。为提供更丰富的征信产品及更全面的征信服务，征信机构需要构建能够快速处理和加载海量数据的大数据平台，充分运用数据存储、处理、查询、分析和可视化等技术。

（三）金融科技与第三方信用

金融科技具有明显区别于传统金融的特征。一是成本低。因为科技带动金融交易在虚拟平台展开，从产品发货、付款等行为都在网上直接进行，交易双方分别承担风险，从而降低了交易成本，省略了传统模式的店面销售，从而省去店面费用、人工费用、营业费用、管理费用等，大大降低了成本，提高了效益。二是高效益。依附在网络的信用数据可累计与可挖掘的优势，以及网络社交、云端、移动支付、互联网、搜索引擎、信息化等先进科技手段，打破传统金融模式，突破了时间空间限制，减少交易过程中的中间环节，高效便利的支付方式，使得金融活动参与者更透明、更有效、更直接地消费，极大程度上降低了市场上的不对称信息，提高了金融融通效率。三是提高客户体验。金融科技承继了互联网特点：开放、分析、平等，在服务上由柜台模式转变成了开放式、群体参与模式，互动沟通。在这种金融模式中，商家更重视互动性，大规模协作实现了组织扁平化、网络化。通过累计的消费评价，可以有效地提出修改经验，发现潜在客户，为消费者提供高质量的商品和良好的服务体验。四是风险特殊性。金融科技导致金融发展模式发生革命性创新，从传统金融模式走向互联网金融模式，在引发的风险要素和不确定方面也存在着差异，互联网金融模式的金融活动中存在流动性风险、市场风险、利率风险等，还有着人们不得不考虑的由技术导致的技术风险、系统安全等问题。互联网金融模式和传统金融模式相比较之下，风险传播速度更快，诱因更复杂。

金融科技借助于互联网科技推动金融业在传统金融业务上进行互联网延伸，以融资平台企业为主导，借助互联网，连接借贷双方，以实现资金融通。互联网金融是互联网技术与金融的融合，是金融发展进入到的一个新阶段，带来支付方式、信息处理和资源配置上的重大变革。根据业务特点，具体可以分为第三方支付模式、电子商务企业模式及其他模式。

1. 金融科技与第三方支付

第三方支付是指具备一定实力和信誉保障的非金融机构，在收付款人之间，作为中介机构提供的网络支付、预付卡的发行与受理，以及银行卡收单等部分或全部货币资金转移服务。市场上的第三方支付中介按照公司运营模式不同又可以分为两类。一是独立的支付模式，主要是指与电子商务网站没有关联的独立的支付平台。这类支付模式不具有担保功能，只提供支付解决方案，主要代表包括汇付天下、易宝支付及快钱等。二是有担保功能的支付模式，是基于电子商务网站或在此基础上提供的。其典型代表如支付宝、财富通等。

支付是金融的基础设施，会影响金融活动的形态。互联网金融模式下的支付方式以移动支付为基础，是通过移动通信设备，利用无线通信技术来转移货币价值以清偿债权债务关系。移动互联网和多网融合将进一步促进移动支付发展。随着 WiFi、5G 等技术发展，互联网和移动通信网络的融合趋势已非常明显，有线电话网络和广播电视网络也会融合进来。在此基础上，移动支付将与银行卡、网上银行等电子支付方式进一步整合。支付工具是支付清算体系的重要组成部分。近几年，国内以支付宝、微信、快钱为代表的非金融支付机构快速发展，也带动了支付工具的不断创新，从传统的纸币、票据、银行卡到预付卡、网络支付等非金融支付工具。随着时间的推移，网络支付工具作为新兴支付工具的代表内容也越来越丰富。

2. 电子商务企业模式与第三方信用信息处理

电商企业模式主要是指电商以自身交易平台上买卖双方的交易信息流、现金流和物流“三流”信息所累积的大数据为基础，通过云计算深入分析及交叉验证借款方信息，以此为依据来评定小微企业和个人的信用等级，在风险可控的前提下，向小微企业和个人的融资需求提供信贷服务。电商企业拥有巨大客户群体，掌握客户详细具体的交易数据，比如近期交易情况、物流数据、口碑评价等。通过数据挖掘和云计算，可以将这些数据进行整合处理，映射为客户信用评价，并以此为依据，向实力较弱、无法在传统金融渠道获得资金满足的群体发放小额网络贷款。目前，阿里巴巴集团推出的阿里小微贷、苏宁的小额贷、京东的供应链金融都是基于该模式的典型金融产品。

信息是金融的核心，构成金融资源配置的基础。Mishkin（1995）认为，在直接和间接融资模式下，主要有两类信息处理方式。第一类是信息的私人生产和出售，是设立专门机构负责搜集和生产区分资金需求者好坏的信息，然后卖给资金供给者，比如证券公司和信用评级机构。商业银行同时是信息生产者和资金供给者，也属于这类方式。第二类是政府管制，即政府要求或鼓励资金需求方披露真实信息，比如政府对会计准则、审计和信息披露的监管等。

互联网金融模式下的信息处理有三个组成部分：一是社交网络生成和传播信息，特别是对个人和机构没有义务披露的信息；二是搜索引擎对信息的组织、排序和检索，能缓解信息超载问题，有针对性地满足信息需求；三是云计算保障海量信息高速处理能力。其中，社交网络以人际关系为核心，把现实中真实的社会关系数字化到网上并加以拓展，是个人发布、传递和共享信息的平台，建立了自愿分享和共享机制。搜索引擎的作用是从海量信息中找到最能匹配用户需求的内容。搜索引擎与社交网络融合是一个趋势，体现为社会化搜索的发展；而云计算使用大量廉价的个人电脑分担计算任务，易扩展，能容错，并保障多备份数据的一致性，使用户按需获取计算能力、存储空间和信息服务。云计算保障了处理海量信息的能力，对搜索引擎发展有重要促进作用。金融业是计算能力的使用大户，云计算会对金融业产生重大影响。

3. 其他模式

其他模式主要有类余额宝、众筹及 P2P 模式。类余额宝是货币市场基金依托互联网，通过第三方支付平台为客户所持有的货币市场基金份额提供流动性的一种金融产品。类余额宝是将货币市场基金、互联网和第三方支付完美结合的典范，具有使用灵活、高流动性和较高收益的特点，极大地丰富了金融市场产品线，使金融工具的收益性和流动性（货币性）有了更好的表现。众筹是借助互联网络由社会公众实现资金融通的融资方式，众筹融资具有低门槛、项目多样并注重创意和可操作性、依靠大众力量、融资速度快、透明度高及有利于宣传推广等优势。P2P模式是一种将小额资金聚集起来通过第三方借贷平台借贷给资金需求者的一种资金融通模式。国内外众多P2P信贷平台在具体业务操作方式、客户选择、风险控制等方面又存在诸多差异，可概括为以下模式：线上中介平台模式、线下债权转让模式、线上线下相结合模式（即O2O模式）。

4. 金融科技与第三方信用评价

金融科技促进了第三方征信技术的发展，对完善第三方信用评价体系具有革命性的作用。第三方征信方法与原有征信方法的区别在于：第三方征信以自身生态或股东企业深耕领域所产生的数据为主，外部合作的数据为辅，并且以互联网产生数据居多，更依赖大数据和算法，场景全面化和产品多元化和盈利模式的多样化依然在探索中。因为征信机构的数据来源广泛，多数来源于第三方数据服务商，该类机构自身并不产生数据，主要数据来都是通过购买、外接和置换产生，但是他们无个人征信产品，不对信用做出评价，主要是对征信信息有验证需求的厂商提供服务，包括数据查询和验证。总体来说，就是记录个人消费者行为和向各大厂商机构验证信息，向征信机构提供和反馈信息和数据。一方面，社会第三方征信机构重点服务中下游，作为完善、补充央行征信系统的重要组成部分；另一方面，第三方信用评级机制也响应了中国人民银行号召，致力于打破了金融机构和中小企业之间的信用壁垒，通过夯实信用基础连通信息“孤岛”，有效破解企业融资难题。第三方征信行业主要用到的技术有FICO信用分、用户画像、交叉检验、生物识别技术和反欺诈技术，通过科学的征信手段为第三方互联网信用评价做基础性建设。

第五节　商会类组织第三方信用发展趋势变革

政府积极寻求行业协会（商会）等社会中介组织的合作、协商和帮助，以便综合运用经济的、法律的和行政的手段对市场经济进行宏观调控。随着政府职能的转变和治理方式的转型，政府把更多的职能委托和转移给行业协会（商会），行业协会（商会）发挥作用的空间不断拓展。通过第三方信用机构的信用功能，使得商会在市场与政府之间、政策制定者与国民之间成为桥梁，这是新时代国家治理模式对商会等行业组织提出的新要求。

（一）行业协会的传统职能

行业协会（商会）肩负着许多职能，主要有五种基本职能。

1. 沟通协调职能

行业协会（商会）是政府联接企业的桥梁、纽带和帮手。一方面，它代表行业积极向政府主管部门反映行业、会员的利益诉求，维护会员企业和行业的合法权益。另一方面，通过召开行业各种会议，把政府的政策精神贯彻到会员企业中，协调政府与会员企业之间、会员企业与非会员企业之间、会员企业与消费者之间行业经营活动产生的争议事项，增进相互了解，化解矛盾，达成共识，更好合作；协调会员企业和行业与其他社会组织之间的关系，创造公平、和谐、有序的市场环境。特别是在市场信用严重缺失的情况下，迫切需要建立一种畅通的、快速反映的联动机制，行业协会（商会）努力加强与政府的沟通和协调，与社会信用组织的精诚合作，可以共同防范信用风险，增强政府监管效率和社会监管效能。

2. 综合服务职能

为本行业、企业谋利益和求发展是行业协会（商会）存在最重要的宗旨。行业协会（商会）根据政府主管部门的授权，进行行业统计分析，掌握国内外行业发展动态，规划行业发展方向和目标；协助政府部门开展行业调查、决策咨询及制订产业政策；收集、整理、发布国内外行业经济信息，开展行业信息对外宣传；举办会员大会和各种学术交流会议，募集资金支持专项研究课题等；依照有关规定创办报刊和网站，开展法律、政策、管理、市场等方面的咨询服务；建立行业公共服务平台，向会员提供产品研发设计、质量检测等服务，协助政府进行招商；组织会员学术、管理、法规等专项培训，帮助会员企业了解和掌握多方面的专业知识，增强企业的创新能力、经营管理能力及适应市场的能力，举办从业执照的培训和考试、参与行业资质认证、信用评级及事故认定等相关工作；受政府委托承办或根据市场和行业发展的需要，举办交易会、展览会等，推介行业内高新技术产品、名牌产品开拓国内市场和国际市场；调查了解本行业产品、技术发展方向、市场动向和趋势、组织会员企业出国考察，帮助企业开拓国际市场；发展行业公益事业，指导、协助会员改善经营管理等。在行业信用管理体系建设中，行业协会（商会）为会员企业提供信用信息、信用管理培训、信用评级等多项服务，同时，也为政府、上下游产业链的相关企业和消费者提供信用信息服务，丰富和强化了综合服务能力及所承担的社会责任。

3. 行业代表职能

政府转变职能后，更加重视了解各个行业发展的态势和实际情况，重视业界人士的反映，在制定行业发展规划、产业政策、相关立法、行业管理等方面，行业协会（商会）有了更多的话语权，所提出的许多议题都被采纳，参与到政府的决策中。具体来说，行业协会（商会）作为会员企业的主心骨，行业利益的代言人，能够代表本行业向有关部门反映涉及行业利益和会员企业的要求；对政府制定经济政策、出台相关规范性文件提出意见和建议参加与本行业利益相关的听证会和论证会；参与行业性集体谈判，提出反倾销、反垄断、反补贴调查，提出对外贸易救济措施申请，并协同政府部门开展相关工作，组织开展相关诉讼。

4. 监督管理职能

以往行业协会（商会）对于会员企业的监督管理是弱化的，虽有一些规章制度、管理办法，但企业想听就听，不想听就不听，没有实质性的作用。随着政府职能的转变，特别是行业开展信用管理体系建设后，以行业协会（商会）为核心着力点和组织节点的信用制度、信用行为、信用机制等的交互作用，使其监督管理功能得到强化。行业协会（商会）通过制定行业信用建设规划、管理办法及行规行约，用信用制度来规范会员企业；通过建立行业内部的信用信息数据库和网站，实现行业内部信用信息的公开共享，来管理会员企业的信用行为；用信用评级、网上公布“黑名单”等活动方式，鼓励诚实守信企业，公开曝光失信企业，形成行业与社会连通的信用奖惩约束机制。行业协会（商会）能够协助政府制定、修改行业标准，监督行业标准的实施；监督本行业产品和服务质量，监督会员诚信经营，配合政府打击制售假冒伪劣产品等违法行为，对违反协会、商会章程和行规行约，达不到行业标准，损害消费者合法权益，参与不正当竞争，影响行业形象的会员进行惩戒，维持公平竞争。

5. 规范自律职能

行业协会（商会）的规范自律职能是规范市场经济秩序、建立社会信用管理体系的基础。在行业信用管理体系建设中，行业协会（商会）结合行业特点制定行规、行约及行业职业道德准则，规范会员企业的经营行为，实现行业价格自律，维护市场公平竞争和社会公共利益。

（二）我国行业协会的发展历程

随着我国社会信用管理体系建设在部门、区域的深入，在行业层面，中国市场学会于 2001 年 12 月成立了信用工作委员会；中国商业联合会成立了商业信用工作委员会；中国工业经济联合会等全国性的行业协会也纷纷行动起来，一些省市也相继建立了信用协会，把行业信用建设工作纳入到工作内容中。行业协会（商会）以多种形式主动参与信用体系建设，在推进行业信用建设方面有了良好开端。不少行业协会（商会）根据实际情况制定了行业信用标准和行规行约，建立了“诚信自律同盟”，利用网站进行信用知识宣传和信用信息的交流，开展对会员企业的培训，建立企业内部的信用风险防范机制等工作。

为了在各行业全面正式展开，促进和规范行业信用建设工作，全国整规办和国务院国资委于 2005 年 12 月联合发布《商会协会行业信用建设工作指导意见》（整规办发〔2005〕29 号，以下简称《指导意见》），并召开专题会议，推动和部署行业信用管理体系建设工作。《指导意见》提出了以行业协会（商会）为主体，推动行业信用建设的指导思想，着重指出行业信用建设工作应坚持服务会员企业，自主建设、正面褒扬和失信惩戒相结合的原则；提出要在行业内部推进诚实宣传教育，强化行业信用制度建设，利用信用信息开展服务，对会员企业开展信用评价，加强对会员企业信用风险管理知识的培训，协助会员企业建立信用风险防范机制这六项任务；实现提高会员企业的诚信意识和风险防范能力，增强行业自律水平，规范行业内部竞争秩序，促进行业健康发展的目标。党中央、国务院十分重视行业协会（商会）培育发展和规范管理工作及其在社会信用管理体系中的作用。

2007 年国务院办公厅发布《关于加快推进行业协会商会改革和发展的若干意见》（国办发〔2007〕36 号），提出要积极拓展行业协会的职能，大力推进行业协会的体制机制改革，加强行业协会的自身建设和规范管理，加快形成有利于行业协会发展的体制和环境。为尽快启动制定行业协会（商会）立法工作，2009年6月中旬，国务院法制办又召开了“关于行业协会商会立法座谈会”。会议议题包括行业协会（商会）职能的取得和界定；行业协会（商会）与政府及行政部门的关系；政府及行政部门支持行业协会（商会）改革和发展的措施；行业协会（商会）法人治理结构、完善自律机制的办法和思路等。这说明行业协会（商会）的社会地位在日益提高，对于国民经济发展的作用越来越大，行业信用体系建设是把行业协会（商会）做大做强的最佳契机。

（三）行业协会的作用与运作方式

1. 行业协会的作用

行业协会（商会）作为一支重要的社会力量，在行业信用管理体系建设中发挥着重要的作用。

（1）行业协会（商会）在信用信息系统建设方面的作用。信用信息系统是以企业和个人征信为主要内容，整合各部门、各行业、各方面的信用信息资源，建立综合性的信用信息数据库，形成信用信息共享机制，并向社会提供信用信息产品和服务的综合性平台系统。目前我国企业和个人的信用信息分散在银行、工商、税务、海关、公安、司法、财政、审计、证券监管、质检、环保等政府多个部门中，信用服务机构或企业难以获得涉及企业的信用数据和资料。行业协会（商会）的作用就是通过建立行业内部信用信息收集的渠道，依法收集和记录会员企业在生产、经营中产生的有关信用信息，建立起行业信用信息数据库和会员企业交易伙伴信用信息数据库，丰富整个社会信用信息系统并形成信用信息共享的机制。

（2）行业协会（商会）在信用法律制度方面的作用。信用法律制度系统是建设社会信用管理系统的核心，为社会信用管理体系建设提供法律制度保障。一个比较完善的信用法律制度体系应包括征信活动、征信机构、征信行业监管、政府部门信用信息公开、信用信息资源共享、保护被征信企业和个人的权益、征信业的标准等方面的法律制度。在行业法律制度体系中，行业协会（商会）处于行业权益代言人的地位，要根据社会信用建设工作的需要，结合行业特点，协助政府制定相关的信用法律制度；同时，还要代表本行业向政府管理部门反映会员企业的诉求，促使政府管理部门在制定相关法规时能最大程度地维护本行业的合法权益。

(3) 行业协会（商会）在信用中介服务体系建设方面的作用。信用中介服务体系是为信用交易全过程提供专业配套服务的社会中介组织。按照“完善法规、特许经营、商业运作、专业服务”的方向，大力培育信用服务业，是我国社会信用管理体系建设的一项重要任务。在条件具备的情况下，行业协会（商会）应与信用中介机构密切配合，搞好本行业的信用评级工作，可以向社会有偿提供本行业会员企业的信用信息和相关担保，可以为本行业的会员企业在交易过程中提供相关的咨询，帮助识别风险、科学管理风险、缩短交易周期、提高资金回收率，从整体上促进信用经济的发展。

(4) 行业协会（商会）在守信激励与失信惩戒体系建设方面的作用。守信激励与失信惩戒体系是社会信用管理体系正常发挥作用的保障，是社会信用管理体系中一个重要的组成部分。建立这个体系，除了必须要在法律上做出明确规定外，还必须具备全社会所有组织和个人的信用信息都向征信机构和信用服务中介机构开放，并形成由政府倡导的，由具备监管职能的政府部门、各类授信机构、中介组织、雇主等组成的联防网络。作为一个行业自律性组织行业协会（商会）在这一体系中是不可或缺的，其公正性和客观性尤为重要。只有对本行业内企业信用情况给以公正、客观地记录和公开，才能确保社会信用体系的正常运转。

(5) 行业协会（商会）在信用监督管理体系建设方面的作用。信用监督管理体系是社会信用管理体系建设的可靠保障，是扩大社会信用交易规模和提高信用交易效率的前提。在这一管理体系中，行业协会（商会）处于从属和被监管的地位。一方面，行业协会（商会）要积极配合政府有关部门对本行业经营主体的经营行为进行监管；另一方面，行业协会（商会）要接受政府部门和全社会对所提供的本行业经营主体相关信息的准确性、公正性、客观性的监管。只有行业协会（商会）与政府监管部门、社会信用中介机构和企业形成联合监管的网络，才能保障社会信用管理体系的正常、健康运转。

2. 行业协会的运作方式

(1) 行业协会（商会）可以根据自身实际情况，研究制定会员企业信用信息收集标准，建立行业内部信用信息收集渠道，建立健全会员企业信用档案，依法收集、记录和整理会员企业在生产、经营中产生的有关信用信息。

（2）行业协会（商会）可以根据各自行业特点加强与有资质的第三方信用服务机构合作，依法开展行业信用评价工作。

（3）行业协会（商会）可以与行业主管部门、国家统一信用信息平台、征信机构及有上下游产业关系的行业组织进行对接，建立信用信息交换共享机制，为会员企业提供多层次、全方位的信用信息服务。

（4）行业协会（商会）可以根据行业发展要求，研究制定自律规约，积极规范会员企业生产和经营行为，引导本行业的经营者依法竞争，自觉维护市场竞争秩序，充分发挥市场监管中的自律作用。

（5）行业协会（商会）开展标准化工作。制定发布本行业的产品和服务标准，积极参与制定国家标准、行业规划和政策法规，不断提高行业产品和服务的质量，以章程为核心，建立健全现代法人治理结构和运行机制。同时，把诚信自律建设内容纳入行业协会商会章程，提高行业协会（商会）依法自治水平。

（6）行业协会（商会）主动向会员公开年度工作报告、财务工作报告、会费收支情况及经理事会研究认为有必要向会员公开的其他信息；向社会公开登记事项、章程、组织机构、接受捐赠、承接政府转移职能及政府购买服务事项等信息，增加透明度和公信力。

（四）新时代行业协会面临的问题与对策

1. 对行业信用建设的长期性、艰巨性认识不足

推动行业信用建设工作之始，各个行业协会（商会）都表现出极大的热情，企业参与的积极性也很高。但是随着工作的深入，加上全球性经济危机，工作遇到困难，企业的积极性减弱，部分协会出现了畏难情绪，由于对这项工作的长期性、艰巨性认识不够，信心不足，工作干劲受到一些影响。

2. 行业间信用体系建设有很大差距，发展不均衡

行业组织基础比较好、协会领导高度重视的协会（商会），工作做得相对比较扎实、富有成效，如中国商业联合会等。而有些行业组织相对薄弱、领导又不太重视，工作相对落后。

3. 方向不明，发展缓慢

有些行业组织的思维定势还是事事都想依靠政府，找不准工作方向，缺乏主动性、创造性，行业信用建设和信用评价工作进展缓慢。

《指导意见》明确指出，行业信用建设工作应遵循的三个原则之一就是自主建设。行业信用建设关键在于协会领导重视不重视，抓不抓紧。可以学习和借鉴一些行业信用建设搞得好的协会的经验，在学中干，干中学。关键是要尽快行动起来，不要落伍。

4. 信用建设的滞后

部分重要行业的信用建设滞后，存在一些所谓的行业潜规则，如不高度重视，及时认真解决，必将影响整个行业的健康发展。

三鹿奶粉事件就是典型例子。靠一时造假获取利润是不能长久的。只有诚信经营、诚信经商，才能誉满天下。

5. 重评价轻建设，行业信用建设六项工作开展不平衡

部分行业协会（商会）在落实《指导意见》提出的六项任务时，力量配比不平衡，只重视信用评价工作，认为这个抓手比较现实，甚至有利可图，忽视了对其他五项工作的开展，或者对其他几项工作研究不够，措施办法不多。

当下行业协会（商会）的发展对策有以下五点。

（1）大力推动行业信用建设。行业协会（商会）要按照《纲要》要求充分认识行业信用建设的重要性、紧迫性、长期性；要把信用建设作为协会（商会）的重点工作来抓，应建立组织领导推进制，健全相应的机构和人员，并积极开展工作。

（2）统筹兼顾，全面落实《指导意见》的六项要求。行业协会（商会）应把六项任务要求具体细化，有分工、有计划、有步骤地全面落实，要加强引导、检查和督促，发现问题，及时解决。应与全国信用管理体系建设有机结合起来，认真调查研究，不断完善行规行约；建好行业信用信息数据库和信用信息交流平台；将信用管理方面的培训制度化、规范化，培养更多的专业信用管理人才；积极开展信用评价工作，有界定和评判的客观标准。

（3）信用评价应重质量，规范运作。行业信用评价工作是项专业性、技术性非常强的工作。为了保证信用评价的质量，做到公开、公平、公正，维护信

用评价的严肃性和权威性，各行业协会（商会）应严格遵照和执行商务部信用工作办公室、国资委行业协会办公室联合发布的《关于行业信用评价工作有关事项的通知》（商秩字〔209 号〕）。其中，特别要注意几个环节：一是严格评价收费管理，禁止借机谋利的行为；二是主动界定评价范围，防止交叉重复评价；三是严格评审程序，保证评价结果的质量；四是严格备案管理，加强监督引导。

（4）积极推动评价结果的应用。信用评价只有在应用中才能显示出效能，起到激励作用。对各行业协会（商会）而言，应充分挖掘自身潜力，大力推广应用评价结果。一是加强评价企业信用档案建设，推动行业信用评价结果在上下游行业间的互认和共享，给信用良好的企业更多的市场机会。二是积极向有关政府部门、金融机构推荐评价结果，利于信用良好的企业得到更多的政策和信贷支持；充分利用各种国内外展会、论坛等机会进行宣传，树立信用良好企业的国际形象；在重要商品的贸易谈判中，在一些政府优惠的项目中，或者在与外国机构合作中，优先推荐信用良好的企业，使其得到信用评价的好处。三是引导、帮助企业在招投标、经贸往来、展会等活动中，积极主动宣传自身信用等级，使用行业信用评价结果。四是主动跟踪、掌握信用等级高的企业在评价前后市场占有率、竞争力、影响力等方面的变化情况及评价结果的应用效果，在行业内宣传，以影响和带动更多的企业参与信用评价工作。

（5）抓紧立法，明确行业协会（商会）的法律地位。当前，随着行业协会（商会）职能的不断扩展，行业协会（商会）在国民经济和社会治理中的地位有了明显的提升。政府重视行业协会（商会）的工作，行业协会（商会）也感觉到自身的价值和能力，有了积极性和创造性，社会也对行业协会（商会）的工作给予了肯定和赞扬。因此，加快形成有利于行业协会（商会）发展的体制和环境的条件已经基本具备，现在最关键的是政府一定要尽快立法，给予行业协会（商会）合理的社会定位。要让行业协会（商会）发挥更大的作用，就要确立其法律地位，有更多、更加灵活的自治权和参与政府、社会活动的权利，这样有利于行业协会（商会）自主建设、主动承担更多的社会责任；有利于政府转变职能和社会治理机制的创新；有利于规范市场经济秩序，促进经济和社会的稳定、和谐发展。

第六节　新时代社会信用机构的内在矛盾与第三方路径

（一）社会信用组织机构建设“各自为战”是体制机制改革未到位的矛盾表现

我国目前信用信息资源分别来自不同的系统，并且建立在各类业务范围基础之上，缺乏统一标准，具有局限性；同时，信息源只对内交流，相互屏蔽，缺乏互通交换、资源共享。现有信用信息资源分散、透明度低，获取信息的难度大、成本高，构成信用评级业务发展的资源约束这已成为不争的事实。依据我国目前的国情，与企业信用有关信息约90%集中在政府各职能部门。这些信息和数据既不流通也不公开，大量有价值的信息资源被闲置和浪费，信用信息交流不畅和浪费并存。随着与国际的接轨、大量的外资进入国内参与市场经济的建设，企业和个人信用信息的采集困难就成了阻碍社会经济发展的“瓶颈”。一方面，有关部门对企业的信用等级评级不规范；另一方面，由于种种原因造成的信用信息征集量的不足使得第三方信用信息评级的客观公正和自身营运、发展也受到影响，外商和外资企业也对此一片茫然，“第三方”也因此而尴尬、缺憾。

随着我国市场经济发展速度不断加快，作为主角的各级企事业单位对展现自己的渴望在逐渐加剧，从而促进了我国第三方信用评价机构对自身机制的完善步伐。然而，受传统小农经济等因素的影响，千百年来中国封建社会一直存在着强烈的闭关自守倾向，这种情况不仅影响着过去国际间的交往，也影响着当今信用信息时代的交流，导致国内、国际信息交流的不对称。由于目前我国尚无健全的法律和信用信息数据开放环境，造成第三方中介机构工作中的尴尬和缺憾。虽然我国不限制投资人建立和经营信用服务和信用信息数据库（即使其将代表信用服务市场的未来），但就目前来讲，第三方的信用评价工作是“前途光明，道路崎岖”。

（二）第三方信用机构独立发展是未来必然

根据我国国情，现阶段信用信息征集、信用评级、信用认证只有采用政府推动、行业自律、第三方评价、社会监督的模式。如果我国具备数据开放环境和高效率的市场，或者信用信息数据经协调或整合后形成一个大型公共信用信息平台，则基本可以满足一般性的企业信用服务，这对我国快速发展的经济建设当然是有益无害的。

促进政府职能转变，实现资源与服务共享。第三方信用评估将过去由政府部门直接操作的评估工作交给了第三方专业机构去实施，切实转变政府职能，深化行政体制改革，创新行政管理方式，增强政府公信力和执行力。通过建立长效机制，使得各级政府部门从繁重的事务性工作中解放出来，把有限的精力更多地投入到宏观管理和政策创制的工作中去，客观上淡化了信用评估工作的行政色彩，大大降低实体经济中的交易成本，更能使得实体市场开放化、公平化。

发挥信用评价客观中立机制，充分发挥规范市场的作用。独立第三方信用评价公司具备自己的评级方法、评级标准和评级模型，对所评级的各方面都确定了不同的指数用来完成对企业的信用评估或信用等级评定工作，评价结果由市场验证。政府是游戏规则的制定者，但不是游戏的参与者。为了有良好的信用评级环境，并保证社会合法有效地使用信用评级报告，可以制定有关信用评级、信息披露、使用的法律。但是政府不能直接参与对企业信用的评定工作，否则，信用评级缺乏公正性、独立性、科学性。因此，企业的信用评级只能由具第三方身份的信用评价机构来完成。以第三方的身份出现的信用评价机构，可以站在一个客观的立场，极力维护评级的公正性，这对维护和规范市场行为非常有必要。

有效发挥市场机制，协调优化资源配置。信用建设得好，不仅可以有效惩治招标投标领域的失信行为，改善市场环境，扩大社会生产，而且可以有效防范和控制信用风险，促进信用交易，降低社会交易成本。此外还能有效促进招标投标部门转变职能，提高管理和服务水平。一个完整、持久的信用市场，需要政府悉心培育和监管，真正将核心竞争力建立于专业信用服务之上，成为推动社会信用体系建设的长久力量。

第五章

第三方信用组织机构变革中的挑战与机遇

第一节　第三方信用组织机构面临的效用性、信息安全

（一）第三方信用组织机构的有效性

在管理学上，有效性是指剔除客观基础条件优劣的影响，真正反映由于管理主体主观有效努力而产生经济效益的行为特性。简单而言，就是指机构在正确的时间、正确的地点做了正确的事情。本书提及的第三方信用机构的有效性用简单的公式表达是：有效性 = 效率 + 效果。本节主要从第三方信用机构的效率与所产生的效果两个方面切入。

1. 第三方信用组织机构的效率

萨缪尔森在《经济学》中论述经济运行的效率问题时，指出效率意味着不存在浪费，即当经济在不减少一种物品生产的情况下就不能增加另一物品的生产时，它的运行便是有效的，主要用资源是否充分利用没有浪费来衡量。我国的其他学者对于效率的认知和看法也各有不同。有的认为，经济效率是指社会利用现有资源进行生产所提供的效用满足程度，因此也被称为资源的利用效率。从这个观点来看，它是需要的满足程度与所需要的资源（成本）的对比关系，因此不是简单的生产多少产品的物和量的概念，更多的偏向于效用或者福利的

概念。① 还有的学者则认为，金融效率则是指金融运作能力的大小②，而资本市场效率就是看其是否最大限度地将储蓄转化为投资。③ 从企业效率来看，有的学者认为，企业融资效率是指企业融资活动在实现储蓄向投资转化过程中所表现出来的能力与功效。④ 总结以上的观点，我们可以得出衡量第三方信用机构的效率的标准，即投入产出比、能力的大小及是否从事其他行业同样的工作。

首先，影响第三方信用机构服务效率有以下五个方面因素。一是信息的真实性、完整性和及时性；二是第三方信用机构技术方法的科学性与合理性；三是机构从业人员的执业水平和道德素质；四是是否受到监管部门的严格监管；五是市场对第三方信用服务机构的真实需求等。除此之外，第三方信用机构的技术与产品是否定期更新、法律责任的分配与承担、机构成本收益的衡量等都在一定程度上影响着该类机构服务的质量。其次，从当前的社会经济发展情况来看，社会资源的分配并没有达到帕累托最优额度状态，即很多的机构实际上在从事着别的企业或机构相同的工作。以第三方信用在招投标工作中的作用为例，在政府招投标工作中，招标方对投标方是否通过第三方征信没有硬性的规定，并且招标自身会对投标方有一定的征信和评级的要求。这样一来，第三方征信评级机构对投标方进行的相关工作就变成了重复性工作，并且因为这类工作属于投标方付费模式，所以对于评级机构产品的真实性与可靠性值得商榷，特别是对于垄断机构发布的信息还具有很大的疑问。

2. 第三方信用组织机构的效果

效果是指在给定的条件下由其动因或其他原因或多因子叠加等行为对特定事物，所产生的系统性或单一性结果。效果分好的效果与坏的效果。评估某个事件所产生的效果主要是衡量是否达到参与主体的要求及对社会的影响两个方面。

首先，同样以信用评级机构为例，关注评级结果的主体主要有四个：借款人、贷款人，投资人、监管当局和评级机构。他们关注的重点显然是不同的，

---

① 杨德勇：《金融效率论》，中国金融出版社 1999 年版。

② 王广谦：《经济发展中金融的贡献与效率》，中国人民大学出版社 1997 年版。

③ 霍学文：《英、美、日资本市场效率比较研究》，云南大学出版社 1997 年版。

④ 卢福财：《企业融资效率分析》，经济管理出版社 2001 年版。

如图 2 所示。

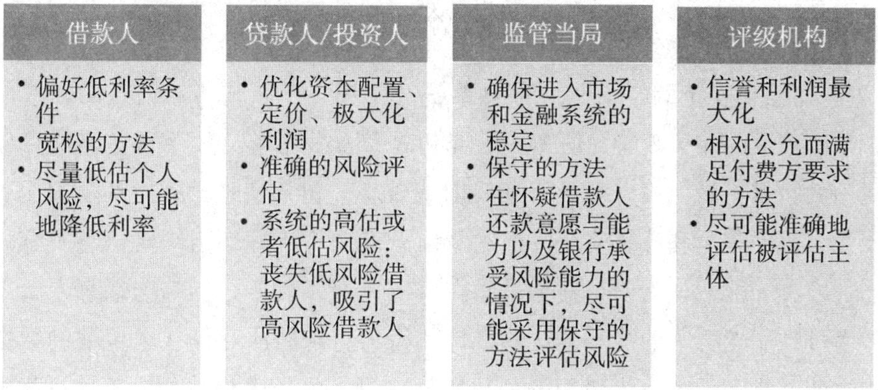

图 2　关注评级结果的四个主体

从图 2 中可以看出，评级活动中的主体的立场和目标均不一致。借款人是以最低的利率获得融资；贷款人投资人主要是追求利润的最大化；监管当局的目标是维持经济发展的稳定，防止发生系统风险；评级机构要在满足前面三方要求的基础上尽量给出科学合理的评级。

满足投融资方的评级要求，给出符合当前企业的征信、评级、验资等报告是短期的正面效果。但是从长期来看，还要看是否有利于社会经济的发展。以 2008 年美国爆发的次贷危机为例，虽然在当时环境中，评级机构、担保机构都给出了当前经济形势的各类报告，但是最终却爆发了全球性金融危机，这说明这些机构没有考虑到长远的社会经济影响，只考虑到了眼前的利润，所以产生了严重的社会负面的效果。

（二）信息安全与第三方信用信息处理

信息安全的范围非常广，从国家层面来看，信息安全关系到国家利益和安全；从组织机构层面来看，信息安全关系到组织信息资产和商业机密，关系到机构的正常运作和持续发展；从个人层面而言，信息安全是个人隐私保护和个人财产安全的客观要求。①

国际标准化组织（ISO）对信息安全的定义是为数据处理信息建立而采取的技术和管理的安全保护，保护计算机硬件、软件、数据不因偶然或者恶意的原因而受到破坏、更改或者泄露；美国国家安全信息和信息系统安全委员会（NS-TISSC）对信息安全的定义是对信息系统及使用、存储和传输信息的硬件的保护，是所采取的相关政策、认知、培训和教育及技术等必要手段。确保存储或传送中的数据不被他人有意无意地窃取或破坏，包括信息设备及环境安全、数据安全、程序安全和系统安全等。欧盟信息安全评价标准组织对信息安全也有自己的定义，他们认为信息安全是指在既定密级条件下，网络与信息系统抵御意外事件或恶意行为的能力，这些事件和行为将威胁所存储或者传输的数据及经由这些网络和系统所提供服务的可能性、真实性、完整性和机密性。我国信息安全资深专家沈昌祥认为，信息安全是指保护信息和信息系统不被未经授权的访问、使用、泄露、修改和破坏，为信息和信息系统提供保密性、完整性、可用性、可控性和不可否认性。

综上，随着网络信息社会的高速发展，信息安全的内涵已经扩展到了信息系统运行安全、数据信息安全、通讯网络安全、物理环境安全等。本书主要指第三方信用服务所涉及的数据信息安全。

第三方信用机构发挥职能作用越来越依靠信用信息处理技术的发展，但是信息安全会给第三方信用信息处理技术的发展带来巨大挑战。

首先，数据和信息的搜集与应用侵犯了个人隐私，大数据技术的应用和隐私保护的争议由来已久。目前，随着科学技术的快速发展，信息传递技术与超强的计算机系统使得数据分析成为了可能。交叉检验技术和“模块数据”技术的广泛应用，使得基于大数据的身份识别日益简单且难以察觉。近年来，这些应用越来越跨越雷池，过分挖掘，由此造成了对客户隐私的侵犯。

其次，由于法律和监管制度缺失，数据监听开始给第三方信用信息收集带来难度，甚至威胁到了国家信息安全。2013 年“棱镜门”事件表明，“海量数据 + 数据挖掘”的大数据监听模式可以对他国重要机构进行精确的监听。在信

① 何平平、李云月：《大数据金融与征信》，清华大学出版社 2017 年版。

息传输的各个环节，我国金融企业和金融机构的内部信息可能通过国外厂商预留的“后门”泄露给国外的机构，从而使我国成为大数据监听的受害者。

除了以上提及的个人、企业与国家的信息安全，实际上，虚假数据还有可能导致金融市场的异常波动，以及信用信息处理的真实性。信息技术日新月异的更新使得监管滞后，以及互联网安全难以防范。

第二节　第三方信用组织机构利益冲突

（一）利益冲突的概念界定与分类

Michael Davis 和 Andrew Stark 主编的《专业领域利益冲突》（*Conflicts of interests in the professions*）研究了法律、医疗、金融服务、工程领域存在的利益冲突问题。该书将利益冲突定义为：存在某种关系要求一方为另一方的利益而进行判断（exercise judgement），但是这种适当的判断受到其他（特殊）利益的试图干扰。试图干扰的利益包括任何影响（influence）、忠诚（loyalty）、关注（concern）、情感（emotion）等。①

Kumpan 和 Leyens 在《金融中介机构利益冲突——利益冲突规制全球共同核心问题》中对利益冲突的定义是：有法律义务对他方利益行为的一方决定应如何为该方利益而行为时，存在另一种利益影响了其履行义务，则产生利益冲突，并且任何对履行义务方的决定造成直接影响的各种影响力各种关系事项等因素，都可能构成相互冲突的利益。②

Andrew Crocket 指出，利益冲突存在于我们生活的方方面面，利益冲突出现主要是当一个金融服务提供者或者该服务提供者内部的机构拥有多个利益方，

① Davis Michael, Stark Andrew. Conflicts of interests in the professions, New York: Oxford University Press. 2001: 3 - 8.

② Kumpan Chistoph, Patrick C. Leyens Conflicts of Interest of Financial Intermediaries - Towards a Global Common Core in conflicts of Interest Regulation. European Company and Financial Law Review, 2008, 4 (1): 84

该利益产生了以不当使用或者隐瞒金融市场有效运行信息的行动动机。①

综合以上学者的观点，可以得出，利益冲突是指一个行为主体存在不同的利益要求。这些不同的利益之间存在冲突，并且这些利益冲突存在于社会活动的任何方面，不同领域的利益冲突有不同的表现形式。

以信用评级为例，信用评级行业涉及不同的利益主体，他们之间有不同的利益要求，同一主体在不同的评级服务中也可能存在多种不同的利益要求，从而形成了错综复杂的利益和利益冲突。所以信用机构在进行信用评级的过程中尤其需要关注发布信用评级行为是否受到不同其他利益的干扰或者试图干扰，在与不同利益主体之间的博弈之间应该有不同利益的取舍。

利益冲突较为显著的是评级行业。信用评级过程中虽然存在多种主体和多种利益，但是总结起来利益主要可分为三类：客观公正评级的利益、有利评级的利益、信用评级机构及其内部人员的利益。客观公正评级的利益是指信用评级所具有的信息中介、监管许可、私人交易参照标准等作用，使信用评级机构有责任处在中立的地位，是为市场提供客观公正的信用评级，这种客观公正评级代表了社会的公共利益，或者代表了市场交易主体的利益。有利评级的利益是指由于信用评级关系多个利益主体，有些主体基于自身的考虑所关注的是对自身有利的评级，被监管的投资者希望其准备投资的证券能够获得足够高的信用级别，使其能够将其列入投资组合，这些利益要求影响了客观公正的评级行为。信用评级机构作为信用评级关系的主要主体，同样存在着自身的利益需求，经济利益、代理偏见、内部人员谋求私利等情况都是信用评级机构自身利益的反映。在评级过程中，信用评级机构所应具有的客观公正的评级行为往往受到有利评级利益与信用评级机构及其内部人员利益的干扰。

一方面，在资本市场上，信用评级机构作为信息中介具有纠正交易双方信息不对称的作用，其发布的信用评级是市场上重要的金融信息。由于监管规则对信用评级的援引，信用评级在一定程度上成了监管工具，发挥了信用许可的

① Crokett Andrew, ed. Conflicts of Interest in the Financial Servieces Industry: What Should We Do About Them?. Geneva: International Centre for Monetary and Banking Studies; London: Centre for Economic Policy Research, 2004: 5.

作用。在私人交易中，信用评级成为市场主体间交易的参照标准，因此信用评级具有信息中介、监管许可、私人交易参照标准等作用，所以信用评级机构被称为市场看门人，有责任处在中立的地位，是提供客观公正的信用评级。另一方面，信用评级作用的多样化带来相关利益主体的多样化。不同的利益主体存在不同的利益诉求，有些市场主体从自身的利益出发，往往希望信用评级对自己有利，而不是追求客观公正的信用评级，这些利益诉求对客观公正信用评级会形成干扰。例如，支付评级费用的债券发行人总是希望获得较高的评级，而较高的评级未必是客观准确的评级。同时，信用评级机构作为信用评级参与的主体之一，同样存在着自身的利益，如经济利益的考量、代理偏见、为内部人员谋求私利等情况均属于信用评级机构及其内部人员自身利益的反映。因此基于一项评级活动，信用评级及其内部人员总是在自身利益与客观公正利益及有利评级利益之间的进行衡量。

（二）第三方信用组织机构发展变革中的利益冲突

利益冲突是一种动态形式，也就是说只有在第三信用具体的经营模式和业务发展过程中才有可能实际发生。一般情况下，信用评级机构本身业务经营模式所产生的利益冲突称为结构性利益冲突，包括发行人付费模式和投资人付费模式所产生的利益冲突，信用评级机构日常经营过程中所产生的利益冲突成为业务性的利益冲突。信用评级过程中的各种利益冲突也可以归纳为信用评级机构层面产生的利益冲突和信用评级人员层面产生的利益冲突。

第三方信用评级机构（以下“信用评级机构”均指“第三方信用评级机构”）层面产生的利益冲突包括以下六方面。一是发行人付费模式产生的利益冲突。从收费对象来看，信用评级机构的费用由发行人支付，从委托－代理的角度分析，信用评级机构作为发行人的代理人，有为发行人谋利益的义务，这种利益关系危及信用评级机构在评级过程中应具有的中立性。发行人作为评级费用的支付者，可以利用经济压力迫使评级机构评出对其有利的等级。而且，在评级过程中，如果发行人对评级公司给出的评级结果不满意，还可以中断与该评级机构的合同，然后与另外一家愿意给出发行人满意的评级结果的评级公司签订合同。从收费的标准来看，信用评级机构是按照发行人融资规模的一定比例收费的，主要按照发行人的发行规模和业务复杂程度，收取发行人收入的

0.2%~0.3%。众所周知，信用等级较高的债券，其利率水平普遍较低，反之则反。所以较高的信用级别不仅能够降低发行人的融资成本，还能帮助发行人顺利发行，并且扩大发行规模，反过来带来了评级收费的增加。二是投资人（订阅人）付费模式产生的利益冲突。投资人付费是指信用评级机构向投资人出售信用评级报告等服务，投资人支付费用的经营模式。在该模式下，只有当投资人支付费用取得评级报告，同时投资人的利益受到所订阅的信用评级报告的影响时，才有可能产生利益冲突。三是评级业务与营销业务的利益冲突。主要是因为业务员和评级分析员两者之间的利益不一致所致。业务员关注如何产生最大的业务收入，但是评级分析员更看重如何做出正确的评级，当信用评级的员工同时参与两方面的工作，则会产生利益冲突。四是评级业务与附属业务之间的利益冲突。在信用评级机构为企业提供信用评级服务的同时还提供类似预评级服务、债券结构设计、风险管理咨询等附属业务。这种利益冲突类似于独立审计过程中的自我评价，影响信用评级机构独立公正的评级立场。一般情况，信用评级机构往往容易忽视或者低估次贷产品的风险，给出偏高的信用评级，从而助长了市场对该类产品的客观预期和非理性追捧等。五是未经聘请主动发布评级行为产生的利益冲突。一般而言，信用评级机构主动发布信用评级行为是一把双刃剑，一方面，有利于不同信用评级机构之间的评级比较，促进相互监督；另一方面，信用评级机构也有可能以发布较低评级为威胁，胁迫别评级机构支付费用聘请其进行评级，或者迫使被评机构购买其咨询服务等附属业务服务，该行为直接损害了客观公正评级的利益。六是信用评级机构与被评级机构之间非正常关系的利益冲突。主要是指评级与被评级机构之间存在关联关系或者存在利益共享利益关系，影响了评级过程的中立性。

信用评级人员层面产生利益冲突的因素包含评级人员与被评级方存在非正常商业关系、评级人员薪酬制度、评级人员任职关系、评级人员与被评级方存在权益关系、评级人员收受礼物及评级人员代理偏见等。由此一来，如何衡量和解决信用机构服务过程中的利益冲突就变得尤为重要。

第三节　第三方信用机构的内在变革趋势

（一）第三方信用组织机构独立性发展趋势

独立性是第三方信用组织机构发展的特征之一，表明第三方信用组织机构，必须发挥信用评价的客观中立机制。一般而言，独立第三方信用评价公司应当具备自己的评级方法、评级标准和评级模型，对所评级的各方面都确定了不同的指数用来完成对企业的信用评估或信用等级评定工作，最终的评价结果交由市场来验证。政府不作为游戏规则的制定者，仅为参与者。

从国际关系发展角度分析，作为新兴经济体国家主要代表的金砖五国，近年来对联合筹建金砖国家独立评级机构表现出强烈的政治意愿。2015 年，在金砖五国乌法峰会上，与会各国首次提出了（联合）建立独立评级机构的建议，并在 2016 年的《果阿宣言》中，鼓励专家就设立一个由市场主导的、独立的金砖国家评级机构的可能性进行广泛探讨。由此可见，第三方信用组织机构发展的独立性受到了国际认可。

从政府管理第三方信用组织机构来看，一方面，如果第三方信用组织机构缺乏独立性，其权威性和责任意识将受到影响，丧失权威性的信用机构在经营过程中有可能产生取悦市场的行为，最终使得机构执业行为不规范；另一方面，如果某些第三方信用组织机构依靠政府授权来垄断市场，缺少竞争和监督，执业质量难以保证，将造成经济信息的大量失真。综上，政府等管理方也在逐渐引导第三方信用组织机构进行正确的市场定位，以保证该类机构的独立性和客观性。政府职能部门正加快第三方信用组织机构之间的脱钩改制，切断机构与政府部门或下设事业部门的挂靠关系，消除该类机构与政府管理部门之间的利益驱动机制，消除设租寻租行为。

（二）金融科技推动第三方信用组织机构去中心化

根据统计数据显示，1990 年以前，美国信用中介化率的平均水平是 30%，信用非中介化率的平均水平是 70%。1990 年以后的信用经济发展时期，美国信用中介化率的平均水平下降到 19%，下降了 36.7%，而信用非中介化率平均水平上升为81%。[1] 统计结果表明，在美国非金融部门经济主体接受的信用中，由金融中介机构提供的信用越来越少，而由非金融机构部门内部其他个体提供的信用越来越多，也就是说美国的信用活动越来越非中介化了，以此引发去中心化的思考。

从金融科技的发展来看，目前区块链技术的发展更进一步推动信用去中心化的发展。区块链是分布式的数据库存储、点对点传输、共识机制、加密算法等计算机技术的新型应用模式。该技术将颠覆传统信用中介机构所扮演的中间人的角色，使人们由对机构的信任转到对机器的信任。区块链技术满足了人们的信用需求，无疑将在金融中介领域发挥巨大的作用。随着大数据、云计算、人工智能技术的不断发展，通过区块链这一技术可以实现将金融信任由多边互信或中央信任机制演变为多边共信、社会共信，从而实现在未来构建去中心化的信用中介的升级版本，在征信上将海量的可信的真实数据永久地保存在区块链上，如每个公民的出生证明、身份证明、毕业证明、结婚证明等等诸如此类的信息，实现信息的加密与共享。该技术还大大地降低了征信的成本，挖掘共享数据蕴藏的价值。

与传统征信手段相比，区块链技术提高征信的多维度可靠性和安全性，打破数据孤岛，实现信用社会的建立，降低整个社会的信用成本，让每个人都在算法信任的约束下诚实守信。区块链还可以在跨境支付领域发挥巨大的作用，可以实现去中心化支付与清算功能、货币的自由兑换和合约的智能交易。效率更高，速度更快，交易费用低，交易的确认只需要几秒钟，这为小额支付的快速交易也提供了可能。综合来看，信用的去中心化不无发展的可能性。

---

① 资料来源：Board of Governors of Federal Reserve System，“Flow of Fund Account Annual Flow and Outstanding L2 a1955 - 1964，a1965 - 1974，a1975 - 1984，a1985 - 1994，a1995 - 2000，Money Stock H6”.

第四节　第三方信用组织机构变革的外在发展机遇

（一）第三方信用组织机构发展与变革的社会需求

我国第三方信用市场还存在严重的供需不平衡。首先，信用服务的社会需求不足，社会、企业和个人对信用产品的需求十分有限，普遍缺乏使用信用产品的意识，往往未能利用信用产品来保护自己的利益。其次，国家有关部门对信用的需求也不够，很多政府债券在向公众发行时并不要求由公正的信用评级机构进行评级。同时，从信用机构的供给来看，国内目前有实力的，能够提供高质量信用中介服务机构还比较少。最后，我国整个信用中介服务行业缺少健康发展的市场环境，也缺乏类似会计准则、行业准则等软约束，专业化及标准化程度比较低。

从信用评级机构发展的角度分析，考虑到国内债券发行人、投资人和监管者已经习惯使用中国信用评级体系的基准，未来一段时期内国内应该会继续沿用目前的信用评级标准，而不会依据国外评级标准进行调整。从国际信用评级机构的角度来看，我国已有几家信用评级，如大公国际，已经具有全球影响力。如果国内不出台新的管理办法，那么在我国开放信用评级业后，很可能会出现信用评级标准的“双轨制”。

（二）第三方信用组织机构面临的市场环境

从目前我国的商业信用体系发展来看，各大第三方信用组织机构竞相发展，市场竞争非常激烈，但是这样的市场格局有利有弊。利在于充分的竞争能提升市场效率，提高服务的水平等，也符合“优胜劣汰”的淘汰法则；弊在于过度的竞争有可能导致管理的缺乏和资源的浪费。但是在信用经济发展的未来，到底是非中介化还是中介化都不是人为的选择，而是市场的选择。

一方面，虽然我国目前也提供一些市场化运作的第三方信用服务组织机构，如征信公司、资信评级公司和信用调查机构等，以及一些信用产品，如信用调查报告和资信评级报告等，但是总体而言市场规模小，经营分散，行业整体水平不高、市场竞争更处于无序的状态，更谈不上第三方信用组织机构的国际化。

而且没有建立一套完整有效的信用调查和评价体系，导致被评企业得不到科学、合理的评估。市场不能发挥其对某特定对象的信用状况进行奖惩的作用，企业也缺乏加强信用管理的动力。

另一方面，尽管第三方信用组织机构发展越来越迅速，数量越来越多，行业门类越来越齐全，但是低层次的热门领域第三方组织、“小作坊”式的第三方组织机构较多，高层次的技术类、资本类的较少，正规化、规模化的具有“国家队”公信力背景的机构更是凤毛麟角，各地区组织之间发展差异程度较大。行业发展缺乏科学整体规划，部分领域呈现过度饱和、过度竞争的情况，部分领域则呈现发展缓慢和竞争不足的情况。除此之外，一些第三方信用组织机构利用特殊背景或与主管部门的关系，形成市场垄断格局，造成绝大部分业务集中在少数机构手中。

目前，政府正积极鼓励发展混合制、股份制、合伙制的科技第三方信用组织机构，鼓励公民、其他社会法人根据需求创办各种第三方服务机构；积极打破不利于第三方信用组织机构市场竞争的行政和区域垄断，努力培育多元化的第三方市场主体，建立正常的退出淘汰机制，增强整体竞争优势。

（三）第三方信用组织机构面临的全球化背景

随着中国金融市场的对外开放，以及亚投行、金砖银行的设立和“一带一路”倡议的推动下，中国金融业开始在全球金融业中崭露头角。从目前的第三方信用组织机构的发展和市场占有情况看，各大机构均把握自己的数据与信息，利用核心有利数据信息这把利剑，“占山为王，互不共享”，企业和个人难以正常检索和获得正确的信用数据，缺乏有效的检索途径。

实际上，在征信国家，企业和消费者个人信用信息资料的开放和市场化运作是社会信用管理体系的重要内容。许多国家和地区通过相应的法律法规对信用资料的公开做了明确的要求，征信机构可以通过公开的正常渠道获得检索法律规定范围内的信息。但是我国并没有相关规定，不管是政府还是一些专业的第三方机构掌握的一些可以公开的信息也未开放，导致每一个中介机构都是一个信息的“孤岛”，从而增加了征信的难度，并且在一定程度上造成资源浪费和重复工作。有的机构即使建立数据库，但是也会因为规模较小，数据不全，信息不完整等原因，无法对企业和个人信用做出合理、公正、客观、真实、准确的评估。

第五节 第三方信用组织机构的监管环境

（一）第三方信用组织机构变革的传统监管模式

一般而言，金融监管是指一国政府或政府的代理机构对金融机构实施各种监督和管制，包括对金融机构市场准入、业务范围、市场退出机制等方面的限制性规定，对金融机构内部组织结构、风险管理和控制等方面的合规性、达标性的要求，以及一系列相关的立法和执法体系与过程。所以，在第三方信用组织机构发展与变革的过程中，信用管理的监管体系中的监管主体和法律体系是至关重要的组成部分。中国人民银行、国家发改委、国务院国资委和商务部等作为第三方信用组织机构的监管主体，对信用行业的管理方式与本国信用管理法律体系的状况密切相关。

从国际经验来看，政府对第三方信用组织机构监管的主要目的是维护信用交易双方的合法权益，规范信用机构的行为，维护市场的正常秩序，促进信用市场健康稳定的发展。在法律法规比较完善的发达国家，第三方信用服务机构基本上已私有化，具有较强独立性特征，信用市场完全商业化。政府的监管职能相对较弱，在社会信用体系建设的过程中所起的作用有限。但是在法律法规不太完善的国家和地区，社会信用管理体系的建立更加注重数据收集及社会信用框架体系的建立。第三方信用组织机构的私有化程度较低，政府的监管职能更为重要，对第三方信用组织的变革和发展介入更多。一般情况下，政府部门特别是中国人民银行在社会信用体系建设过程中具有权威性，往往是社会信用体系建设的最初推动者。

一方面，目前我国第三方信用组织机构的监管不仅是全过程监管，还是多部门分割监管，包括对机构职能的监管和业务的监管等，没有统一的监管主体，如发行公司债由证监会负责，发行企业债由国家发改委负责，信贷市场和银行债券市场则由中国人民银行负责。不同第三方信用组织机构服务于不同的机构时要按照不同的监管要求和规则，导致资源浪费、效率降低、成本增加等。

另一方面，我国第三方信用法律法规非常不完善，在信用立法和执法方面还存在很多问题。虽然我国《民法通则》和《合同法》等法律都明确规定了“诚实信用”的原则，但是要落实这一原则，需进一步出台和完善《债权法》《破产法》《民法》等。在征信评级领域，目前主要有《中华人民共和国证券法》《企业债券管理条例》《征信业管理条例》《资信评级机构出具证券公司债券信用评级报告准则》《证券市场资信评级业务管理暂行办法》《中国人民银行信用评级管理指导意见》《信贷市场和银行间债券市场信用评级规范》等。在信息安全领域，缺乏完备的法律监管。目前已知的信息安全法主要是《网络信息安全法》。整体而言，对保护国家信息安全和个人隐私的立法任重道远。

（二）第三方信用组织机构变革的新型监管趋势

2016年10月，国务院法制办发布了央行关于《信用评级业管理暂行办法（征求意见稿）》公开征求意见的通知。通知要求央行、发改委和证监会在各自职责范围内，对信用评级机构开展监管工作。由此，评级机构迎来统一监管的序曲。并且，随着公司信用类债券市场统一标准工作的推进，信用评级业监管标准呈现统一化发展趋势。统一监管模式指由一个机构统一负责至少对银行、证券、保险三大主要金融领域的审慎监管和市场行为监管。目前，监管层正在探索新的监管模式，以适应金融行业综合经营的现状。这对第三方信用组织机构的发展变革而言既是挑战也是机遇。挑战体现在：集中统一的监管机制容易造成官僚主义，进而产生道德风险，增加了企业的寻租行为，进一步降低了工作效率。机遇体现在：统一监管模式能够促进第三方信用组织机构在更有效的市场进行正向有序的竞争，降低市场监管不统一时所产生的摩擦成本，减少了监管真空和重叠；统一监管有利于提高资源利用率，提高工作效率，降低谈判成本等。

第六章

第三方信用效度的发展与变革——评价机制探索

最早的信用评价来自债券的评级领域。因为美国各铁路公司发行的债券存在着严重的信息不对称，而为了向投资者提供更多信息，政府开始设计和开展债券评级活动。在银行信贷领域、商业交易市场和资本市场交易，信息不对称更为广泛，通过信用评价对可能引起信用风险的因素，进行定性分析、定量计算，从而测量借款人的违约概率。

信用评价可以从不同的角度分析，既包括经济领域对于信息不对称状态下的一种补充，也可以成为通过信用信息的积累，记录和评价来改善整个社会的信用状况。这对社会治理、经济环境改善、司法及社会文化都有深层次的影响。但在大数据和互联网技术不断发展的条件下，选择哪些类型的数据，如何整理，如何有效地通过信用信息来客观综合地评价和引导被评价方的行为方式是信用评价机制的具体内涵。

第一节　第三方信用评价机制的历史沿革与基本形式

（一）国外信用评级评价研究状况及基本形式

从信用评级技术的发展史维度来看，按照次序大致分为三个时期：经验判断时期、数学模型时期和系统综合时期，具体描述如下。

1. 经验判断时期

首先是三“C”学说。为了衡量企业的信用要素，出现了三“C”学说，即Character（品格）、Capacity（能力）、Capital（资本）三个单词的首字母代表企业的三个基本要素。随后，1910 年，美国费城中央国民银行银行家维席·波士特将三“C”学说进行了发展，增加了一个“C”——Collateral（担保品）。1943 年，美国弗吉尼亚州开拓移民商业银行银行家爱德华又在四“C”学说的基础上增加了一个“C”——Condition（也称 Circumstance，即环境状况）。随后，五“C”学说又被进一步拓展为六“C”学说——又增加了 Continuity，表明企业经营的连续性。

之后是 5P 模型。类似于三“C”学说，用 5 个“P”代表借款者的信用素质。5 个方面因素如下：Personal（人）——“人”包含法人和自然人，是企业和企业经营者的统称，人的因素包含了“意愿”和“能力”两个方面。Purpose（目的）——法人或自然人申请信用的目的，即为什么需要钱，申请到的钱将如何使用。Payment（还款）——信用申请人能否按期还款，如果忽略其他因素，那么还款将取决于受信企业在信用额度到期时的即时财产状况，因此有必要全面了解受信企业的资金来源。Protection（保障）——主要指信用申请人的财务结构、担保品等。Perspective（企业展望）——信用申请人的短期还款能力和中长期获利能力，这就是短期授信展望和长期授信展望。

因素法简洁明了且易于操作，但具有很强的主观性，这要求进行评估的专家必须具有丰富经验和扎实理论基础。由于缺乏统一标准，在现实中不同专家对同一个申请人又会有不同的评判方法，从而导致信用评级具有主观性、不一致性和随意性，因此因素法的实施效果不稳定。

2. 数学模型时期

为了弥补因素分析法的不足，学者开始转向利用统计、计量等数学方法进行信用评级，并开发了一系列模型。

最早是 Altman 破产预测模型。美国的爱德华·阿尔特曼博士（Edward I. Altman）在 1965 年开始采用判别分析法研究企业信用评级。他采用了 22 个财务比率指标，通过统计、分析、筛选，从而建立了一个最终包含 5 个变量的 Z 分数判别函数。同时，为了使模型可以运用于非上市公司信用评级，1995 年阿尔特曼对模型进行了修改，建立了 Z 分数破产预测模型：

$$Z = 0.717X1 + 0.847X2 + 3.107X3 + 0.420X4 + 0.998X5$$

其中指标分别为：$X1$ = 营运资本/总资产；$X2$ = 留存收益/总资产；$X3$ = 息

税前收益/总资产；$X4$ = 权益账面价值/账面债务总额；$X5$ = 销售收入/资产总额。

阿尔特曼主要对33家企业进行了相关的分析，并在对Z函数中系数采取加权计算之后，在 $\alpha=0.001$ 的显著性水平下，提出了Z分数的判别准则：

（1）$Z<1.23$，企业划为破产组，银行应拒绝对其贷款；

（2）$Z>2.90$，企业划为非破产组，银行可以在授信额度以内对其进行贷款；

（3）$1.23<Z<2.90$，企业有可能破产，也可能不破产。阿尔特曼认为，这个区域是由于样本取样误差而产生的。

之后是Chesser信用预测模型。Delton Chesser把15个影响企业信用的财务比率分为4组，通过判别分析选择了决定企业信用等级的6个财务比率指标，并建立了相应计量分析模型：

$$Y=-2.0434-5.24X1+0.0052X2-6.6507X3+4.4009X4-0.0791X5-0.1020X6$$

模型中：$X1$ =（现金+有价证券）/资产总额；$X2$ = 销售收入/（现金+有价证券）；$X3$ = 息税前收益/资产总额；$X4$ = 负债总额/资产总额；$X5$ = 固定资产净值/净资本；$X6$ = 净营运资本/净销售收入。变量 Y 是一个独立的线性组合，他认为企业履行合同概率P的表达式为：$P=1/(1+e^{-y})$。

数学模型的主要不足有以下几点：一是，缺乏对违约和违约风险的系统认识，理论基础比较薄弱，从而不能较好令人信服；二是，对财务报表的表面数据依赖度高，而忽视日益重要的资本市场指标，从而削弱了预测结果的可靠性和时效性；三是，模型的解释变量被假设为线性关系，但是现实中经济现象并非是线性的，这也削弱了预测结果的准确度。

3. 系统综合时期

20世纪90年代，随着信息技术的飞速发展，信用评级理论的研究进入基于人工智能、计算机技术和数学计量等多方面的综合开发、全面创新的时期。专家系统和神经网络模型也就是在这个时期开发出来的。

Messier和Hansen建立了专家系统。专家系统的开发是基于人工智能的发展。首先要借助于由财务比率描述的、已知类别（破产或非破产）的样本公司，然后使用这些能够正确分类的所有样本公司的财务比率，建构判别系统。Messier 和 Hansen 取用 23 家澳大利亚地产开发商作为样本开发了专家系统，并在小样本下获得了高准确性的分类结果。专家系统的不足之处是评级结果容易受到信息数量和可靠性的影响，尤其当样本数量很大时，计算过程变得十分复杂。

更进一步的是神经网络方法。神经网络（artificial neural network，简称 ANN）的结构包括一个输入层、若干个中间隐含层和一个输出层组成，每一层有若干个节点。利用输入、输出样本集对神经网络结构进行训练，经过训练之后，对于不属样本集的输入也可以通过该网络得出合适的输出。神经网络既是高度非线性动力学系统，又具有自适应组织系统，是在对人脑组织结构和运行机智的认识理解基础之上，模拟其智能行为的一种工程系统，可以用来描述认知、决策及控制的智能行为。它是一种自然的非线性建模过程，不需分清变量之间存在何种非线性关系，因此十分便于建模与分析。

国外信用评级不断地随着经济的发展、现实状况的改变而发展。然而，大部分评级方法中仍过多重视财务数据，轻视甚至忽略非财务数据。一方面和中西方文化理念有关，较之中国人的“求根寻本”，国外则更为实用主义；另一方面，国外较多国家已经形成了良好的社会诚信体系，减少了企业在基本诚信方面的动机。但是，从次贷危机来看，这种做法不仅不科学不合理，而且会积累和扩大风险的。同时，一项理论必须要结合实际的具体情况才有指导实践的意义。因此，国外评级理论和实务的发展只能作为我国信用评级的参考和借鉴，仍需要结合国情进行较大的改善。

（二）国内信用评级研究状况及基本形式

我国在 20 世纪 80 年代末才开始关于商业银行信用风险分析和评级的研究。中国信用评级协会筹备组经过多次研讨，于 1992 年 6 月制定《债券信用评级办法》，标志着我国企业债券信用评级指标体系和方法的建立。而目前国内关于企业信用评级的理论，主要有下述内容。

毛定祥基于多元统计分析和模糊分析，综合评判建立了企业财务信用指标体系。该体系主要包含了 3 层共 26 个财务指标，通过有关专家基于偿债能力对财务指标的相对重要性的分析，得出了财务结构、偿债能力、经营能力、盈利能力和现金流量等 5 类指标的判断矩阵，继而通过特征向量法得到了权重值。

该研究的不足之处在于所有的指标均为财务类。

任永平、梅强通过信用担保基金方面的分析，总结出中小企业信用评级更应重视未来、创新、成长和发展4个特点，从而基于企业基本素质、财务状况、企业创新能力、企业成长和发展能力构建了中小企业信用评级指标体系。

孙宛青在环境、经营、财务和信贷资产质量等4个风险基础上确定了指标体系。运用AHP法建立了商业银行客户信贷风险层次分析模型。模型包含指标体系各指标的权重及信贷风险指数，可以得出客户信贷风险等级和预警状态，并且采用灰色理论构建了信贷风险预警模型，可以良好预测客户信贷风险未来发展趋势。

范伯乃、朱文斌通过对国外企业信用评级方法和模型的分析，从企业偿债、经营、创利、管理、创新能力与成长能力6个层面遴选了28个评级指标，并通过采用隶属度分析、相关性分析和鉴别力分析等方法，对指标进行了实证筛选，从而构建了中小企业信用评级指标体系。该体系包括企业偿债能力（资产负债率、流动比率、逾期债务比率）、经营能力（流动资产周转率、存货周转率、应收账款周转率）、创利能力（销售利润率、资产报酬率、全员劳动生产率）、创新能力（新产品销售收人比率、研发投入强度、技术人员比重）和成长能力（净资产增长率、销售收人增长率、工资总额增长率）5个方面15个指标。

王玉娥、叶莉等分析了现代工业特征，通过专家打分法和主成分分析法，提出了工业企业信用等级指标体系。该体系包括企业素质、生产能力、盈利能力、竞争能力、偿债能力、发展能力等6个一级指标和19个二级指标。

董颖颖研究了KMV模型对于我国企业的适用性，并提出了基于我国企业特点的修正KMV模型。由于我国企业历史沿革的特殊性，许多上市公司股份结构中存在非流通国有股，加之缺少公司历史违约数据，因此在对上市企业进行信用风险分析时，难以直接采用KMV模型。同时，理论上的预期违约率可以用于不同公司的比较，以及反应公司信用状况的连续变化，但是预期违约率不能有效反映公司的真实违约可能。

刘淑莲通过对307家上市公司信用风险进行因子分析和聚类分析，得到了评级体系。她选择了15个财务指标，以分别反映公司运营能力（应收账款周转率、存货周转率、营运资金/资产总额）、盈利能力（每股收益、净资产收益率、总资产收益率、主营业务利润率)、偿债能力(流动比率、资产负债率、有形净值债务率、利息保障倍数)、成长能力(总资产增长率、主营业务收入增长率)、现金流动状况(全部资产现金回收率——经营现金净流量/资产总额、现金债务比率——经营现金净流量/负债总额)。

国内关于信用评级的研究虽然结合国内的情况，引入了部分非财务数据，但是，在理论上不够完善，指标体系不够完整，指标项选取不够具有典型特点，因此实际指导意义也略显不足。

吴晶妹创新地提出了基于三维理论的信用评级方法，将传统的财务模型转向了基于诚信度、合规度、践约度的三维模型，实现了定性和定量的结合，以及基于基本信息的分析判断和财务数据的预警。三维理论指出，信用是多角度、多范畴的一个综合概念，要全面认识信用，必须把它的多角度与多范畴剖析清楚，可以采用信用维度来表示信用的多角度和多范畴。信用可以具体表现在三维空间上：一维是诚信度；二维是合规度；三维是践约度。信用综合体现在这三维空间中，因而是一个综合概念。一维信用是获得一般信任的基础资本，表现为信用主体的基本诚信素质，体现信用主体的信用价值取向，是一个意识形态层面的概念。二维信用是获得管理者信任的社会资本，表现为信用主体在社会活动中遵守国家法律法规制度、社会行政规章条文、行业规则和民间惯例的水平与能力，涉及信用主体的一般社会活动，体现的是信用主体在社会活动中的信用价值取向与其应承担的信用责任。三维信用主要是指主体获得交易对手信任的经济资本，表现为信用主体在信用交易活动中准确、完全遵守交易规则的能力，主要包括成交能力与履约能力，涉及信用主体的一般经济活动，体现的是信用主体在经济活动中的信用价值取向与其应承担的信用责任。

同时关注基本信誉度和法规遵循度、合约履行度的三维信用理论，能够全面、准确地衡量文化企业的信用水平，为企业实际经济生活的各个方面做出指导。

第二节　信用评价机制的指数模型

（一）指数的概念界定

统计指数分析是用于经济分析和信用评价的一种特殊的统计方法，统计指数主要用于测定复杂现象的综合变动情况。日常生活中的各类指数对各级政府、企业和事业单位及每个家庭的决策都会起到一定的指导作用。

统计界认为，指数的概念有广义和狭义两种理解。广义的指数泛指所有研究社会经济现象数量变动的相对数，是用来表明现象在不同时间、不同空间、不同总体等相对变动情况的统计指标。例如，动态相对数、比较相对数、计划完成程度相对数。狭义指数仅指反映不能直接相加的复杂社会经济现象在数量上综合变动情况的相对数，如零售物价指数、消费价格指数、股价指数。这里的复杂总体是指总体单位和标志值不能直接相加的总体，如不同产品的产量、不同商品的价格等。经济分析中的大部分用狭义指数的概念，旨在研究复杂总体综合变动情况。

信用评价指数涵盖包括经济金融和社会治理等诸多领域，涉及诸多行业，其空间、时间及总体复杂性均较强、较大，因此广义的评价概念意义非常广。评价机制经常为包含数个不同领域小指数的总体指数，用来综合研究反应不同经济社会现象总体数量发展趋势的动态。这类评价方法在我国已多有运用与实践，如综合反映多种商品价格平均变动程度的价格指数称为价格总指数，综合反映全部产品成本平均变动程度的指数，称为成本总指数，综合反映多种产品生产量和商品销售量综合变动的物量总指数和商品销售量总指数等。

（二）指数的一般性研究方法综述

指数是一种古老而传统的经济分析方法。最早可以追溯到 17 世纪四五十年代英国人沃汉（Rice Voughan）提出的物价指数，用于测度个别商品的价格变动情况。指数理论经过 300 多年的发展，已经根据不同要求和指数形式形成数种主要方法，它们分别是指数的简单指数法、加权综合指数法、加权平均指数法，以及根据以上几种方法所引发的偏误（bias）所进行的几种偏误调整方法。

简单指数法是指不用权数编制总指数的方法，简单指数法的实质是排除反应对象各自不同的影响力和重要性，而单独研究其总体变化特征的方法，最早由法国学者迪托（Dutot）于1738年提出。处理方法包括简单综合（加总法）、简单算术平均法、简单几何平均法、简单中位数法和简单众数法。简单指数法没有结合各个因素的影响力，而是通过粗略的组织形成的指数。固然有缺陷，但简单指数法在实际运用过程中，由于种种原因无法客观获取权重资料的情况下仍然不失为计算权重的一种手段。

加权综合指数法是将不可度量的各种经济指标通过另一个有关的通度量因素转换成可相加的总量指标，然后以总量指标对比所得到的相对数来说明复杂现象量的综合变动情况的指数编制方法。其主要特征是先综合后对比。其中拉斯贝尔指数（Laspeyres Index）、派许指数（Paasche Index）、固定权数指数（Fix Weight Index）是加权综合指数法的几种代表指数，早期各国在编制物价指数等单一科目变动描述性指数时多采用此种方法。但加权综合指数要描述一个因素的报告期到基期的变动因素时，需要把其他因素在基期固定起来，这使得进行更为复杂的综合性评价的时候，很难处理因素之间的变动关系。另外，如何处理基期和变动期的标准也是此种方法的难点。

加权平均数指数法将不同度量因素转化成可相加度量再进行比较，而是将个体指数加以平均，在进行加总的过程中考虑该项个体指标对于整体指标的影响权重，并将指标的影响权重带入总指标的计算之中。加权平均数指数方法固然好，但是权重的获取方法的优劣则成为了指数编制的关键。

由于指数在操作过程中可能因基期与报告期的不同参照而带来的偏误，后续又不断出现了真的各种偏误的修正方法。主要有指数的“调整型”公式，以及指数的函数型公式。指数的“调整型”公式主要有以下几种。阿瑟·杨格（A. Young）指数，将度量时期的平均量，或者常态量作为权数计算的基准，进行指数编制。美国劳工统计局（BGL）曾用此种方法编制过批发物价指数。马歇尔-埃奇沃思（Marshall-Edgeworth）指数，以基期和报告期的平均量作为权数编制指数，此种方法可以视为对于早期拉氏指数和派氏指数的一种修正。卓碧师（Drobish）指数和费雪（Fisher）指数通过算术平均、几何平均的方法来获得权重。这些方法都是历代经济学家解决指数偏误的种种折中尝试，其中许多方法的经济学含义也不甚明确。

伴随着指数理论的不断发展，指数的函数化改进方法一度成为热点问题。其中最著名的是法国经济学家弗兰索阿·迪威夏（F. Divisia）于1925年《货币指数与货币理论》一文中提出的运用积分理论研究指数变动关系。其以无差异曲线的变化来刻画综合指数的变迁，抵消了前述理论关于参照系标准变动所引发的争议。但其指数对积分路径有依赖性，并且必须以指数中各个指标的连续性为假设前提。针对迪威夏的方法，特恩奎斯特（Tornqvist，1936）和迪沃特（Diewert，1976）在数学上对于迪威夏方法进行了简化和改进，并在20世纪80年代开始，美联储开始使用由威廉巴特（William Barnett）依照此方法设计的货币数量使用指数。澳大利亚经济学家曼佐（Manzur）则引用此方法设计了购买力评价（PPP）理论。另一方面，由苏联经济学家康努斯（A. A. Kons）1924年提出使用函数进行指数设计，经挪威统计学家拉格纳·佛里希（Ragnar Frisch，1936）及荷兰统计学家亨利·泰尔（Henri Theil）改进形成了函数指数理论。

（三）指数的编制方法

指数的编制过程主要包括指标体系的确定、数据的收集处理及权重的确定、指数计算。有关指标体系的确定将在下一部分进行介绍，本部分主要介绍数据处理和权重确定方法。

由于各指标变量的量纲和单位不同，因此往往需要进行标准化处理。在指数的构建过程中我们采用max－min进行标准化处理，对原始数据进行标准化处理，消去量纲，使得各指标变量都变成［0，1］区间的指标，方便后续指数的计算。具体的标准化的公式如下：

$$s_i = \frac{x_i - \min}{max - min}$$

数据同趋化处理是指在指标变量中，有些变量是值越大，竞争力越强；而有些变量则是越小，竞争力越强（如失业率、文盲率）。在进行指数计算时，需要将各变量进行同趋化处理，因此对于反向影响的变量，进行$1 - s_i$的变化。通过同趋化处理后，各标准化的指标都位于［0，1］区间内，越接近于1，则金融竞争力越强，越接近0，金融竞争力越弱。

在对指标变量进行标准化和同趋化之后，就可以用各标准化指标计算指数。

计算的公式如下：

$$F_j = \sum_i w_{jt} \times s_{jt}$$

在指标体系已经确立的前提下，指数构建的重点就是如何确定各个指标的权重。过去信用指数权重的确定方法有专家打分赋权法、层次分析法、主成分分析法、熵值法、支持向量机、VAR 脉冲效应法和SVAR 脉冲效应法。对于前4类方法，主要依赖数据数值上的客观规律，以数值相关性、离散程度或空间结构来确定权重，其权重背后的经济学含义较弱，不利于公众的理解。而 VAR 系列的方法以指标对追踪变量的波动的解释程度作为权重，使得权重具有直观明确的经济、社会学含义，且这种方法构建的指数一般具有更好的预测能力。但简单的 VAR 模型的方法由于模型的假定及局限性，可能会遗漏部分指标变量的信息。

1. 专家打分法

专家打分法是指通过匿名方式征询有关专家的意见，对专家意见进行统计、处理、分析和归纳，客观地综合多数专家经验与主观判断，对大量难以采用技术方法进行定量分析的因素做出合理估算，经过多轮意见征询、反馈和调整后，由各指标变量的重要性程度确定权重。

专家打分法能够根据经济学原理、地方实际金融发展经验，按照影响金融发展水平的指标的重要性进行打分，同时能够灵活调整，满足具体的要求。该方法的特点就是简单、直观，能够充分反应影响关系及灵活调整的需求。但缺点是权重的确定具有主观性、公允性不足。

2. 主成分分析法

主成分分析（principal components analysis，PCA）也被称作主分量分析，主要思想是通过降维，将反应个体特征的多个指标转化为一个或少数几个综合性指标，从而使该指标兼具科学性、全面性和有效性等特点。从数学运算上看，其本质上是一种数据集简化技术，通过线性变换将原始数据投影到新的坐标系统中，并且依照数据投影方差的大小将投影坐标依次排序（第一主成分、第二主成分……）。每个主成分包含着原有指标或变量的主要信息，而且不同主成分所含信息不存在重叠，所以能够在兼顾多变量信息的同时将相对复杂的因素降维简化，得到更为科学、有效的信息集合。

从实际运用上看，主成分分析法主要为了解决人们在指标（变量）信息量和分析效率之间的矛盾。为了尽可能全面、系统地分析问题或反映情况，在构建指数时，理论上应该将所有影响因素纳入考虑。但问题是这些未经处理的指标或变量所包含信息一般都有重叠，而且变量越多，信息重叠的情况就更严重，进行定量分析时计算就愈加复杂。

主成分分析方法正是解决此类问题的理想方法。将原有具有一定相关性（信息重叠）的指标（如 P 个变量）组合成为一组新的但相互不相关的综合指标加以替代。组合方法通常即为线性组合。随后，依据综合指标方差大小来确定最终选择综合指标个数。如第一个综合指标（F1）的方差最大，即 Var（F1）最大，那么表明综合指标 F1 所包含信息较多，被称为第一主成分。如果第一主成分所包含信息不能满足分析需要，即遗漏了原始 P 个变量较多的信息，那么可以考虑增加选取第二个综合指标 F2，而经过矩阵转化之后，F1 所包含的信息不会再出现在 F2 中，即 Cov（F1，F2）=0。我们共可构造出 P 个综合指标，顺序增加纳入分析的指标，直到其所包含的信息满足分析需要。

使用主成分分析的计算方法主要如下。

①对原始数据的标准化。假设有 n 个样本，指标体系中的变量有 P 个，因此可以得到总体的样本矩阵。并选取反映其特性的 P 个变量，从而得到总体样本矩阵：$x_i = (x_{i1}, x_{i2}, \cdots, x_{ip})^T$，$i=1, 2, \cdots, n$（n > p）。对样本矩阵元进行标准化：

$$Z_{ij} = \frac{x_{ij} - \bar{x}_j}{s_j},\ i=1, 2, \cdots, n,\ j=1, 2, \cdots, p$$

其中，$\bar{x}_j = \frac{\sum_{i=1}^{n} x_{ij}}{n}$，$s_j^2 = \frac{\sum_{i=1}^{n} (x_{ij} - \bar{x}_j)^2}{n-1}$，由此得到标准化的矩阵 Z。

②求解相关系数矩阵。利用标准化矩阵 Z 求解相关系数矩阵，计算方法如下：

$$R = [r_{ij}]_p xp = \frac{Z^T Z}{n-1}$$

③求解特征根。通过 $|R - \lambda I_p| = 0$ 求解样本相关矩阵 R 的特征方程并得到相应的特征根，依据信息利用率大小确定主成分个数 m。一般在指数构建时设

定信息利用率达到85%以上，由此m值。对于每个特征根 λ_j，求解特征向量。

④将指标变量转化为主成分：

计算公式为：$U_{ij}=z_i^T b_j^o$，$j=1, 2, \cdots, m$

其中 U_j 为第j个主成分，共得到p个主成分。

主成分分析法的优点是能够将大量指标变量构成的指数体系综合成几个简单的变量，但能够代表内部主要的推动信息。主成分分析法的应用从理论上使得指数的指标体系的范围可以变成无穷大，能够将所有的相关变量全部纳入，通过主成分的分析，去除变量间的代表性，归纳出主要信息。但主成分分析法的缺点在于较为依赖指标变量的数值规律——相关性。而变量间的相关性并不完全等价于指标变量对竞争力的影响程度，因此主成分分析法背后的经济学理论的支持力度较弱。

3. VAR脉冲响应

以VAR脉冲响应方法确定权重的原理是以各指标变量与目标变量进行VAR回归，根据不同指标变量对目标变量的冲击的占比确定权重。

使用VAR脉冲响应确定指标的权重需要先对各指标与目标变量进构建VAR模型进行回归。p阶的VAR模型可以写成如下形式：

$$y_t = a_0 + \sum_{j=1}^{p} A_j y_{t-j} + \varepsilon_t$$

其中 y_e 是 $N\times 1$ 维的向量，由可观测到的指标变量构成。ε_t 是误差项，a_0 是截距项，A_j 是 $N\times P$ 的系数矩阵。在估计VAR模型时通常假设 ε_t 为独立同分布的随机误差向量。$\varepsilon_t \sim NIIDY0\sum Y$。采用贝叶斯参数估计的方法估计上述模型。在 y_τ 中，存在部分政策制定者、评估者关注的指标，如绿色GDP、金融竞争力等，我们称其为目标变量。因此，VAR模型又可以改写成以下形式。

$$y_{it} = \lambda_{0t} + \gamma_i \gamma_t + u_{it}$$

$$\begin{bmatrix} y_t \\ r_t \end{bmatrix} = \varphi_1 \begin{bmatrix} y_{t-1} \\ y_{t-1} \end{bmatrix} + \cdots + \varphi_p \begin{bmatrix} y_{t-p} \\ r_{t-p} \end{bmatrix} + \varepsilon_t$$

第二步，计算各指标变量的脉冲响应值，以平均的脉冲响应占比来确定各指标变量在FCI中的权重。具体公式如下：

$$w_t = |z_i| / \sum\nolimits_{i=1}^{n} z_i \sum_{i=1}^{n} w_i = 1$$

其中 w_i 是各指标对应的权重，z_i 是指标变量的新息冲击在一定时期内对目标变量产生的平均脉冲响应值。简单说来，VAR 模型确定的权重是以指标变量的冲击 y_τ（即变动），在未来一定时期内，对目标变量 γ_τ（即考察的指标，金融竞争力、绿色 GDP 等）造成的冲击的比例。如在构建 VAR 模型时，发现金融行业规模这一变量的改变，能够使得目标变量如绿色 GDP，在未来一定时期内有的改变，这就称为金融行业规模这一指标对目标变量的脉冲响应。以各指标变量对目标变量的脉冲响应占比作为权重，能够赋予对目标变量影响力度大的指标更大的权重，保证了指数的有效性，也能够提高指数对目标变量的追踪情况。

VAR 脉冲响应方法的优点是通过不同指标变量对目标变量的影响程度确定权重，权重背后的经济学意义比较明确。但这个方法的缺点是，当指标变量很多时，存在的样本数据较少，VAR 模型回归时可能会出现过度参数而无法识别的问题。因此 VAR 脉冲响应的方法在对应庞大指标体系的适用性不佳。

4. 动态模型选择的时变向量自回归模型

创新性的动态模型选择的动态系数因子增广向量自回归模型（TVP - FAVAR）引入用于构建指数，相当于把主成分分析和 VAR 这两大常见的指数构建方法结合，并引入时间变动因素。这一模型既能解决主成分分析法确定权重存在的只注重数值、经济含义不明的问题，又允许了大量综合指标变量的出现，更考虑了指数构成的时间变动。指数构建过程更具科学性，对于目标变量的评价能力、预测能力更强。

①FAVAR 模型构建指数。VAR 模型存在过度参数问题。若构建的指数体系有 N 个指标变量，VAR 模型选择滞后 P 阶，则有个待估计参数。在实际应用中，由于数据取得的局限性，通常难以获得大量的数据进行估计。

由于因变量受多方面因素不同程度的影响，因此，不可能用单一指标或几个指标来反映它。因此有必要建立一个综合性的指标体系，对其进行全面测度。当指标体系的变量数量较多时，由于数据的限制，普通的 VAR 模型会面临过度参数无法识别的问题。因此，引入 FAVAR，将主成分分析法与 VAR 模型进行结合，尽可能地从大量的指标中抽取较少的因子，保留原始变量所反映的绝大部分信息。FAVAR 模型的形式如下：

$$y_{it} = \lambda_{0i} + \lambda_i f_t + \gamma_i \gamma_t + u_{it}$$

$$\begin{bmatrix} f_t \\ r_t \end{bmatrix} = \varphi_1 \begin{bmatrix} f_{t-1} \\ r_{t-1} \end{bmatrix} + \cdots + \varphi_p \begin{bmatrix} f_{t-p} \\ r_{t-p} \end{bmatrix} + \varepsilon_t$$

f_t 是从 N 个指标中提取出的一个 $q \times 1$ 阶向量，从大量的指标抽取一个最大公因子，尽可能大的提现出原始指标的信息。r_t 是 $s \times 1$ 维向量由可观测到的目标追踪变量构成。

FAVAR 的引入能够保证我们综合运用大量的指标变量得到有用信息，同时能够利用 VAR 模型进行估计，建立脉冲变动的权重，构建指数。

②TVP－FAVAR 构建指数。FAVAR 模型解决了大量指标变量的问题，但该模型假设的是模型中的参数在不同的时间内保持不变，即不同时期，各指标对指数的权重是不变的。TVP－FAVAR 模型是考虑估计参数存在时间变动下建立的模型。

$$y_{it} = \lambda_{0i} + \lambda_{it} f_t + \gamma_{it} r_t + u_{it}$$

$$\begin{bmatrix} f_t \\ r_t \end{bmatrix} = \varphi_{1t} \begin{bmatrix} f_{t-1} \\ r_{t-1} \end{bmatrix} + \cdots + \varphi_{pt} \begin{bmatrix} f_{t-p} \\ r_{t-p} \end{bmatrix} + \varepsilon_t$$

其中 y_t 是 $n \times 1$ 维向量，由用于构建指数的各指标数据组成。r_t 是 $s \times 1$ 维向量，由模型追踪的各个变量构成。

5. 系统聚类法

系统聚类法是通过判断指标之间的相似程度来筛选指标的方法。例如，假设有个指标，将每个指标作为一类，根据指标之间的相似程度，通过各类之间距离的比较，把距离最小的两类进行合并；然后在 $N-1$ 类中，再选择各类之间距离最小的进行合并；如此连续进行，逐步选择出所需要的评级指标。被研究总体中指标的亲疏关系和并类选择的情况可以绘制成一张系统聚类图，这样，可以选择评级指标体系中所需要的各个指标。系统聚类法的步骤如下。

①度量指标（或类）之间的相似程度。度量指标各类之间的相似程度常用的方法是相关系数法或判定系数法。其过程是：根据 N 个指标的历史资料，分别计算各个指标中的两个之间的相关系数或者判定系数，并形成相关系数矩阵 R、或判定系数矩阵 R^2，以此表示各个指标之间的相关关系。

②度量指标（或类）之间的距离。利用相关系数矩阵 R 或判定系数矩阵 R^2

表示指标（类）之间的相似程度时，可以将其转换为指标距离 d。d 值越小，表示两个指标（或类）之间的关系越密切，在统计评价中表示两者之间具有可替代性。

③根据聚类情况确定指标（或类）的个数。所选择的指标个数的多少，可以根据相关系数的大小来确定。如果指标之间的相关系数较大，表明具有显著的相关性，则可以在不影响科学评价的条件下，可以适当的少一些评级指标；反之，如果指标（类）之间的相关系数较小，就需要多选择评级指标（或类）构成评价的指标体系。

④选择最具有代表性的评级指标。在具有显著相关的指标中，再分析选择指标的科学性，同时考虑人们对指标的理解和可接受程度，最后选出最具有代表性和接受性的指标。这需要使用系统聚类法来检验所选指标之间是否存在较强的相关性，并将相关的指标尽量合并为同一指标。

第三节 第三方机构对信用信息的使用方法

（一）信用信息的采集

征信机构信息收集来源并不仅局限于银行，至少应当涵盖所有金融机构和公共服务部门，而且公共征信机构许多征信参与者报送数据是强制性的。

首先，公共征信体系通常由政府强制性完成。例如，欧洲的中央银行管理公共征信系统，只有被授权的中央银行工作人员才被允许进入公共征信系统。整个流程为：信息首先从参加机构流向公共征信系统；每家机构必须定期提供有关自己发放的每笔贷款的数据；公共征信系统汇总各家银行给同一借款人的贷款数据，得到该借款人的资产负债情况。返回的信息流分为两种形式：一种为其报送贷款数据的借款人的总体负债情况；另一种是在提前申请的情况下也可获得新的信贷申请人的同类信息。监管当局会强制要求本国所有金融机构参加公共征信。

其次，私营征信机构采集的信息可以分为消费数据、信贷申请资料、法律信息及贷款数据等类型。各私营征信机构均采集消费者的姓名和住址、付款违约信息，有些机构还登记出生日期、性别、身份证号码或税号、债权人的反馈结果、支票核验等核查结果、破产记录、法院判决信息等。贷款数据及支付数据来源于放贷机构和公共登记机构。目前，放贷机构包括银行（公营、私营、邮政合作银行和信用社）、租赁公司、信用卡供应商、抵押贷款提供商、零售信贷供应商、保险公司、收债公司、执法部门（法院、税务机关和警察）、政府部门、电信公司、互联网服务提供商、电视网络供应商、公用事业（电力、天然气等）、经纪人共14类主体。其中，银行和租赁公司是最主要的信息提供主体。法律信息主要来自公共服务部门。目前，多数机构按天、按周或按月对信用数据进行维护和定期更新。

（二）信用信息的整理和公示

数据整理又称数据清洗（data cleaning），是对数据进行重新审查和校验的过程。目的在于删除重复信息、纠正存在的错误，并提供数据一致性。数据清洗从名字上也看得出就是把“脏”的“洗掉”，指发现并纠正数据文件中可识别的错误的程序，包括检查数据一致性，处理无效值和缺失值等。因为数据仓库中的数据是面向某一主体的数据的集合，这些数据从多个业务系统中抽取而来，而且包含历史数据，这样就避免不了有的数据是错误数据，有的数据相互之间有冲突，这些错误的或有冲突的数据显然是我们不想要的，称为“脏数据”。我们要按照一定的规则把“脏数据”“洗掉”，这就是数据清洗。而数据清洗的任务是过滤那些不符合要求的数据，将过滤的结果交给业务主管部门，确认是否过滤掉还是由业务单位修正之后再进行抽取。不符合要求的数据主要有不完整的数据、错误的数据、重复的数据三类。

数据整理后依托信息公示系统以信息公示为基础，以信用监管为核心，以随机抽查和重点检查为主要手段可以建立新型监管模式。按照“宽进严管”的要求，转变监管理念，改变原来的监管手段和方式，通过自主公示信息强化企业自我约束的主体责任，引导社会包括企业交易相关人、中介组织等充分利用企业公示信息来评判企业信用状况，进而形成社会共治的局面。减少监管成本的同时提升监管效率。

（三）信用信息的交互和使用

信用信息收集和整理后的使用方式百家争鸣，但就目前来看仍有很大的探索和发展空间。总结当下信用信息的使用主要有以下几个主要方面的内容。

第一，处理分析正成为新一代信息技术融合应用的结点。移动互联网、物联网、社交网络、数字家庭、电子商务等是新一代信息技术的应用形态，正不断产生大数据。云计算为这些海量、多样化的信用信息提供存储和运算平台。通过对不同来源数据的管理、处理、分析与优化，将结果反馈到上述应用中，将创造出巨大的经济和社会价值。大数据具有催生社会变革的能量，但释放这种能量，需要严谨的数据治理、富有洞见的数据分析和激发管理创新的环境。

第二，信用信息是信息产业持续高速增长的新引擎。面向信用市场的新技术、新产品、新服务、新业态会不断涌现。在硬件与集成设备领域，大数据将对芯片、存储产业产生重要影响，还将催生一体化数据存储处理服务器、内存计算等市场。在软件与服务领域，大数据将引发数据快速处理分析、数据挖掘技术和软件产品的发展。

第三，信用信息利用将成为提高核心竞争力的关键因素。各行各业的决策正在从“业务驱动”转变“数据驱动”。对信用信息的分析可以使零售商实时掌握市场动态并迅速做出应对；可以为商家制定更加精准有效的营销策略提供决策支持；可以帮助企业为消费者提供更加及时和个性化的服务；在医疗领域，可提高诊断准确性和药物有效性；在公共事业领域，也开始发挥促进经济发展、维护社会稳定等方面的重要作用。

第四，信用信息时代科学研究的方法手段将发生重大改变。例如，抽样调查是社会科学的基本研究方法。可通过实时监测、跟踪研究对象在互联网上产生的海量行为数据，进行挖掘分析，揭示出规律性的东西，提出研究结论和对策。

（四）数据信息的保存和销毁

在逐步迈向数据化信息化时代的过程中，既让人憧憬也令人担忧，充满机遇也面临挑战。数据资源日趋丰富，数据应用层出不穷，数据产业空间无限，大数据技术不断创新，大数据产业体系逐渐成熟。但网络信息安全形势异常严峻，黑客攻击、网络病毒等威胁着数据资产安全，个人数据隐私侵犯时有发生，大数据安全保障愈加重要。国家需要从法律、监管、技术保障、道德自律等多个角度着手，为公民的数据隐私提供充分保障。应完善数据隐私保护的立法，妥善界定信息自由和数据隐私边界，营造大数据健康发展的法治化环境；应规范个人数据收集、存储、管理与使用，建立相应的隐私侵犯监管机制；应研发更多技术手段，加强公民个人数据隐私保护，让用户有权决定自己的数据如何被利用，实现用户可控的隐私保护。各种组织机构及个人都应加强道德自律，侵犯个人数据隐私将受到社会舆论监督和谴责。同时，过量的无意义和重复数据的销毁规则也急需我们进一步探索。

第七章

第三方信用信度上的发展与变革——基础与制度保障

第一节　信用相关法规与制度需要不断完善

法律执行效率的改善是降低金融中介信贷成本的关键因素，而信贷成本的降低无疑可以扩大信贷规模，在投资者权利缺乏法律保护的国家，企业将面临着更高的外部融资障碍。从借款人需求角度看，较强的法律权利保护会降低借款人的信贷需求和债务人风险承担能力，抑制能提高债务人自身价值却存在风险的投资活动，导致银行经营更加保守、信贷扩张速度降低，业务风险水平降低。从银行供给角度看，较强的法律权利保护提高了违约时的回收率，使得银行愿意提供更广泛的贷款，甚至给潜在的风险客户提供贷款，这无疑增加了信贷供给，提高了银行的风险水平。

我国与信用有关的条款在多部法律中虽有所涉及，但内容比较零散，至今没有一部完整的规范信用的法律，特别是规范中小企业信用的法律或法规。而信用制度比较发达的美国，现在已拥有诸如《公平债务催收作业法》《公平信用报告法》《平等信用机会法》等 16 项生效的信用管理相关基本法律。信用法制的不健全使一些地方政府、部门和企业的经济行为缺乏刚性约束，特别是由于道德成本、法制成本和制度交易成本小，使“失信”者认为有空可钻，有利可图，造成一些中小企业违约不讲信用的收益要远比（遭受道德谴责和经济、行政惩罚）的代价多得多，这种利益驱动又导致中小企业信用机制形成恶性循环，由“失信”甚至走向“无信”。更为严重的是，目前不仅在信用管理方面的法制不健全，而且还严重地存在着有法不依和执法不严的现象。银行在维护合法债权工作中往往是“赢了官司赔了钱”，“执行难”已成为治理中小企业“失信”行为的另一个“顽症”，这更加剧了中小企业的信用危机。

在不同法律权利保护水平的国家中，征信系统发挥的作用有所不同。法律权利保护和征信系统在影响银行信贷水平时可能表现出一定的协同效应，前者在法律规范层面为银行信贷水平的提升提供了基础性保障，而后者则在实际操作层面为银行信贷水平的提升提供了可行性保障，两者共存可以彼此强化对银行信贷水平的积极作用；但法律权利保护和征信系统在影响银行信贷水平时也可能表现出一定的替代效应，征信系统可以通过激励或惩戒借款人来降低信贷违约率，扩大信贷规模，而法律权利保护也可以通过债权人保护来约束借款人行为，当两者功能界限模糊不清时，越俎代庖的情形就可能会发生。

法律对债权人保护较弱的国家，由监管者建立的公共征信系统可以作为部分司法力量缺失的替代品，更为直接地影响银行信贷水平。同时，法律权利保护的加强也可能使得银行降低了通过征信系统对债务人的审查力度，进一步降低了征信系统作用的发挥。此外，法律权利保护本身也可以对银行信贷水平产生直接影响。从借款人角度看，较强的法律权利保护会降低借款人的信贷需求，增加借款人的破产成本，促使其从事低风险业务以降低破产概率，同时较好的法律保护可以创造良好的市场环境，提高借款人的盈利能力，从而降低借贷风险；但是从银行角度看，较强的法律权利保护提高了贷款违约时的回收率，降低了借款人的违约风险，使得银行愿意以较低的利率为客户提供更为广泛的贷款，并降低银行对借款人风险审查与监督力度，使得银行承担更多的信贷风险。

美国早在20世纪60年代至80年代的20多年期间，已逐步形成了一个以《公平信用报告法》为主体的比较完整的信用管理立法框架体系。我们一是可以借鉴美国的经验，结合我国实际，进一步完善《公司法》《破产法》《合同法》《担保法》等法律的有关条款，加快研究制定《信用管理法》或《中小企业信用管理法》，并以此为基础，制定出企业信用管理方面的具体的条例和实施细则；二是要用法津法规支持建立中小企业和个人的信用基础，如支持发展商业化的中小企业征信业和信用评估业，严格规范涉及企业信用信息采集、使用及评估活动的机构和组织的行为，用法律法规确保信用记录和报告机制的公平和高效运作；三是要真正做到有法必依、执法必严。各级地方政府在中小企业信用管理工作中应树立大局意识，高举诚信的大旗，把依法治国和以德治国有机地结合起来，摒弃地方和部门保护主义，按市场规律管理经济，依法行政；司法机关要切实维护法律的尊严，排除干扰，公正办事，严格执法，坚决严厉打击企业的各种逃废银行债务行为，营造良好的社会信用环境。

第二节　专业第三方信用组织与服务的发展

（一）第三方信用组织发展背景与现状

近两年来，国家发改委等部委通过签署合作框架协议、合作备忘录等形式引入社会信用服务机构参与信用建设，各地政府也以多种形式与信用服务机构合作。国家发改委多次指出社会征信机构在社会信用体系建设中的重要性，并要求各地“在发挥社会征信机构的作用上要有积极作为”。

各种类信用信息服务机构，主要包括征信公司及其信用信息数据库、资信调查与评估机构、信用咨询与服务机构等。这些机构在社会信用活动的框架中属于服务类型，并不直接创造社会信用活动实体与价值，也不会在社会经济增长中占有直接份额。但是，这些机构充分、良好、有效的服务是社会信用活动健康、有序发展的社会保障，为社会经济正常运行与实现经济增长创造着必要的社会环境。通过联网征信系统可以大大提高信用效率。

信用评级机构是独立于筹资方和投资方之外独立的机构，是保持在自身独立的前提下，以一种特定模型和技术来记录、分析和呈现信用风险的等级和大小，其最终目的是尝试对风险或虚拟资产进行定价，从而改善资源配置的方式和实践。此时，信用评级业是由经济体系内部促生，信用评级业的出现极大程度上促进了跨时间、跨地域式的资源配置方式的发展，促进了金融创新和经济发展。

（二）第三方信用评级机构

发达国家对中小企业的信用评级非常重视，已经形成了比较发达的企业信用评级体系，标准普尔、穆迪公司等国际性权威信用评级机构在企业融资中的作用日益增强。然而，我国现在的企业信用评估体系还适应不了金融市场国际化发展的要求及企业融资的需要，缺乏专门的权威性的大型信用评级机构。且政府主管部门对其刚性约束的手段不多，有时甚至疏于管理，产生评信机构不守信的现象。虽然我国目前有五家债券评级机构——中债资信评估有限责任公司、大公资信有限责任公司、中诚信国际信用评级有限责任公司、联合资信评估有限公司和上海新世纪资产评估投资服务有限公司，但是这些评级机构专门为公司债券融资服务，在评级的过程中着重关注公司的财务情况，评级结果的用途具有一定的局限性。一方面要针对我国具体国情，抓紧组建具有中国特色，又能与国际接轨的全国性或区域性的权威性企业信用等级评定机构，打通中小企业进入国际市场竞争的通道。同时，政府主管部门要加强管理，严格规范会计师事务所、审计师事务所的信用评估行为，进一步完善这类中介机构的执业规范，对蓄意出具虚假验资报告、资产评估报告及审计报告、质量认证等的中介机构要严厉追究责任，直至取消相关执业资格，净化企业评信环境。另一方面，要建立一套适合中小企业且符合国际惯例的信用评级及确定企业信用类别的理论或方法，形成科学、统一的信用评估指标体系。

（三）第三方信用担保机构

2007 年 10 月 1 日我国《物权法》正式实施。《物权法》首次将应收账款和存货纳入我国动产担保范围，我国企业利用应收账款和存货等动产进行担保贷款具有了法律上的可行性。这不仅对我国企业解决融资难问题和提高竞争能力具有重要的现实意义，而且为进行应收账款和存货等动产担保贷款方面的研究提供了契机。与此同时，《物权法》的实施也加强了我国债权人（这里主要指金融机构）在担保物权方面的权利保护，从而有助于增强债权人在提供担保贷款方面的动力。

虽然信用担保有了国家政策的支持，但是我国信用担保行业由于起步较晚，目前我国大部分地区中小企业信用担保体系的发育程度比较低。近两年成立的中小企业信用担保公司由于资本金规模小、政府扶持力度弱、与银行及企业沟通不够，以及担保收费过高（有的以同期银行贷款利率的 50% 收取手续费）等问题，业务开展非常缓慢，公司运作步履维艰。同时，在中小企业信用体系的建设方面，中小企业互助担保机构、信用再担保机构发展较少。西方发达国家由政府全额出资成立的“中小企业信用保险公司”，对产业投资基金提供保险或贷款（再保险），借以分散中介机构担保风险的信用辅助体系也尚未涉及。因此，发育不良的中小企业信用担保体系成为造成中小企业融资难、担保难的一个“症结”。

（四）第三方信用服务工具

信用服务工具的发展不仅促进第三方信用体系的发展，对整个金融行业都具有深远的影响。信用服务工具又称融资工具，是资金供应者和需求者之间进行资金融通时所签发的、证明债权或者所有权的各种具有法律效应的凭证。信用工具具有偿还性、收益性、流动性与安全性的特征，包括商业票据、银行票据、支票、信用证、信用卡、证券（包括财务证券、证据证券、资本证券）、债券（企业债、公司债、金融债等）。

目前，与大企业相比，为中小企业服务的信用工具很有限，融资渠道非常单一。除了在货币市场上进行传统的贷款融资外，由于自身认识不到位和有些信用工具门槛高等主客观原因，中小企业对于货币市场上有利于其加速资金周转、提高资金使用效率的商业票据承兑、贴现业务很少涉足也很难涉足，对信用证、打包贷款、出口押汇、个人支票等信用工具也开发得很少。同时，中小企业在资本市场上通过发行股票、债券及借助产业投资基金或创业投资基金等信用工具助其发展受限。因此，中小企业信用服务工具体系的发育不良，也阻碍了其进一步发展。

综上所述，我国中央银行可以从以下几个方面着手解决第三方信用服务工具的发展问题。第一，中小企业要充分认识到利用票据融资有利于其加速资金周转、提高资金使用效率，积极开展票据融资；人民银行和金融机构也要适当降低商业票据承兑、贴现和再贴现业务的门槛，使更多的中小企业尽快进入票据市场开展融资。第二，金融机构要积极发展对中小企业的信用证、打包贷款、出口押汇、个人支票等信用服务工具，引进目前国际上流行的商业信用保险和国际保理业务，丰富对中小企业服务的信用工具体系。第三，扩大中小企业股票发行的额度，并积极创造条件促其在主板市场或沪深股市上市交易；设立中小企业产业投资基金或创业投资基金，拓宽中小企业融资渠道，并充分发挥基金对中小企业的辅导和支持作用，帮助其改善经营管理；打破中小企业债券市场的封闭状态，取消额度限制，凡是有信誉、有效益、有潜力的企业无论大小都应该可以发行债券，进入债券市场开展直接融资，并适当放宽利率管制以增加中小企业债券的吸引力，开办柜台交易增加其流动性。

第三节　信息共享公共基础设施建设

（一）“银、网、信”三联促进第三方信用规范发展

1.“银、网、信”三联应运而生

银联于2002年在合并全国信用卡信息交换总中心和18个城市的银行卡中心的基础上成立，并于2003年底实现网络覆盖到全国地市以上城市和发达地区县级城市，通过农民工银行卡特色服务，把联网通用扩大到农村地区；并开始推动各家发卡机构发行银联标准卡，即具有“银联”标识，卡号前六位采用银联国际标准62字头BIN号的银行卡，适用我国统一的业务规范和技术标准。2004年银联自主设计、建设的新一代全国银联卡跨行交易清算系统正式上线运行，基本实现了银行卡“联网通用”的目标。银联成立的首要目标便是建设和运营全国统一的银行卡跨行信息交换网络，并协助各银行开展系统标准化改造工作，扩大受理银行卡的商户和机具规模，在跨行网络的基础上，向用户提供跨行转账、交费等增值服务。该机构是目前中国唯一的银行卡联合组织，其运营的跨行交易清算系统，保证了银行卡跨行、跨地区和跨境的使用，使得商业银行系统间实现互联互通和资源共享。

伴随着互联网金融的发展，2016年7月由中国人民银行牵头成立线上支付统一清算平台——网联。这意味着第三方支付机构直连银行模式的终止。一方面，根据网联筹建方案，所有的第三方支付机构将统一接入网联平台，再通过网联平台实现和各大商业银行的对接，网联将在第三方支付交易过程中担任集中清算职能，从而有效地监督第三方支付机构的交易，有效防范洗钱、恐怖融资等违法犯罪行为；另一方面，网联的成立可以降低小型支付机构拓展、维护直连银行渠道的成本，为持牌照的支付机构提高统一的支付清算服务，可节约连接成本，提高清算总效率；当然，由于只有拥有牌照的第三方支付机构才能

够接入网联清算系统，这也有效地杜绝了无牌照的支付机构的运营。成立网联有助于央行监控第三方支付交易的数据，从而更有效地管理支付机构的备付金，使整体行业更加规范有序。但是网联的运营还有待时间的检验，未来发展也面临不少挑战。主要包括三方面。一是，央行在筹备网联时规定第三方支付机构可自由选择接入银联或者网联；因而能否推动所有支付机构接入网联本身是一个挑战，银行通过网络金融联盟尝试将客户信息、数据等保留在银行体系内，这无疑对网联未来发展产生一定的威胁。二是，网联未来面临和银联的竞争，随着目前线下和线上支付的界限越来越模糊，银联与网联在一些领域会存在竞争。相比网联，银联从事支付与清算业务，而网联只有清算功能。三是，网联汇聚了所有支付机构的交易，且直接对接银行总行，高峰时期交易量非常大，对网联清算平台的技术发展是一个非常大的挑战。

继支付业务的“网联”之后，开展征信业务的“信联”（全称“百行征信有限公司”）诞生，其由中国互联网金融协会与首批 8 家个人征信试点机构共同出资成立。信联初期主要解决数据源、信息共享和第三方机构运营模式等问题，期望能对信用信息进行有效整合和充分利用，从而达到降低社会交易成本，服务于我国经济社会发展和人民群众的金融需求的目的，并且信联与银联和网联的联合发展能够促进第三方信用行业和市场更规范地运行。

2. 第三方信用发展的标准化方法

针对目前我国信用风险管理的发展状况，以及我国第三方征信数据库的现状和我国信用服务机构面临的挑战，可通过以下步骤来实施第三方信用体系的标准化建设。一是行政立法。政府应该通过立法使信用标准合法化。由于信用风险很大程度上是由于虚假信息、信息不对称造成的，因此应重点加强信用信息的真实性、公开性及信用数据获取方式的合法性等方面的法律制度建设。二是建立个人与企业信用记录标准，构建征信数据库。我国信用标准化体系涉及如工商、税务、银行和司法机关等多个部门。要把这些环节统一起来，必须协调各个部门的关系。通过对各数据来源单位的协调，在对特定主体采取唯一可识别的编码后，制定信息记录标准，采集源数据，使得不同部门记录的数据能实现有效对接。在数据共享的基础上，对同一信用主体的数据进行整合，同时对源数据进行加工、整理和分析，并筛选出对信用评价有用的数据，形成征信数据库。三是规范对个人和企业的信用评估标准，包括对信用评级机构资格的标准化规范和评估流程与技术标准化规范，如国内的芝麻信用评分法就是参照了美国的 FICO 信用评分体系。四是规范信用报告的标准。按照政治经济学理论正确处理法规和标准的关系，正确处理局部与全局的关系，正确处理当前与长远的关系，把握循序渐进的原则等。

总体而言，目前我国信用标准化建设正不断健全。首先，国家各部委已经研究编制了 6 项工程项目标准。① 其次，国家标准委共发布企业信用评价指标、企业诚信管理体系 32 项社会信用国家标准，还有 18 项国家标准待发布；已申报立项社会信用国家标准 15 项，12 项国家标准待立项。除此之外，各地方政府已编制印发了地方性信用标准。目前，国家各部委对信用信息基础数据库、公共信用信息管理的标准建设出台了一系列规范性文件，推动包括第三方信用发展在内的社会信用体系建设的可持续发展。

（二）信用的标准化记录

社会上一直存在着一些困惑和争论，即要不要由某一个政府职能部门出面在全国搞统一的大型信用数据库，信用信息的整合究竟应该自上而下还是自下而上，整合方式是国家强制还是自愿联合。有的专家学者认为，信息是有自身的特点的，信用信息的 4 个特点包括专属性、可复制性、不对称性和不完全性、有序管理性。每一个管理部门，无论是职能委办还是地方政府，都应该从自己的职能出发，建立自己的征信管理数据库，对被管理对象根据信用管理状况进行分类管理。各个管理部门之间应该建立交换平台，实现信用信息交换共享，不用再建数据库。如省地县各级政府都应该建立并使用自己的信用信息数据库，然后实现全省交换共享、互联互通。征信数据库并不是规模越大、数据越多越好。

还有一些专家学者则认为，目前我国社会信用缺失比较严重，信用标准化发展是社会主义市场经济的客观要求。首先，信用标准化是建设社会信用体系

① 《公共信用信息标准体系框架》《公共信用信息分类与编码规范》《国内信用信息资源目录编制指南》《公共信用信息基础数据规范》《公共信用信息交换方式及接口规范》和《公共信用信息公示规范》。

的基础，因为信贷双方信息不对称，导致信用主体存在道德风险，再加上信贷市场的交叉监管及信用评级市场法规的不健全，对同一信用主体的评价和对比基准不一致，且交叉监管引致信贷数据的重复和冲突，很难准确判断某一主体的信用状况。建立信用标准化体系，发挥信用标准的制约性和规范性作用，使得对不同主体的评价具有可比性。其次，信用标准化是实现信用信息共享和加强信用管理的关键环节。最后，信用标准化是规范信用服务行业发展的重要保障。信用标准化的推进，有助于促进信用服务行业的健康发展，提高社会公众对信用服务的认可度，促进信用服务行业的良性竞争，继而引导资源配置。

信用标准化体系应包含信用基础、信息技术、服务运作、信用服务和信用管理5个部分。信用基础标准化主要包括基本术语、信用标准化工作标准和信用信息分类编码等内容；信用技术的标准化则是指信用信息数据元，信用数据采集、信用数据交换、征信平台接口规范、信用数据库及网络平台管理规范、物理安全、安全防护、安全管理及安全检测等内容，实际上是信息技术在信用数据采集上的应用；服务运作的标准化包括信用调查业务规范、信用登记业务规范、信用评级业务规范、信用咨询与管理及其他信用业务规范5部分；信用服务标准化主要包括产品标准（规范信用服务机构提供的信用报告，信用调查报告，信用评级报告等信用产品的格式、内容和质量等）、服务流程、服务方式、服务时限、使用规范、服务资费及争议处理等相关内容；信用管理标准化包括了监管部门、风险管理、资质标准、操作规范及其他具体的监管规定等相关内容。在信用体系标准化发展的过程中核心要素主要是规范专业术语、统一信用信息编码、统一规范信用信息元数据、规范信用报告产品和信用服务标准及规范信用评定标准。

（三）第三方征信技术的发展

目前人们对我国信用征信和评价体系的认识与理解还存在很大差异，很多人把征信建设归结为建设一个数据库、一个信息平台，或者是归集一个黑名单。这种理解是有一定局限性的，应该认识到，征信体系建设是我国深化市场经济建设过程中完善社会管理制度的一个重要工作，是在构建一种新型的社会运行规则。基于大数据的互联网信息共享是经济发展的双刃剑。一方面，数据交易有利于提高资源配置效率，促进信息共享，也将为互联网金融创造新的发展机遇。应鼓励设立各种形式的数据交易平台，探索建立数据确权、保护、估值、定价等制度，运用市场机制促进数据流动、共享和开发利用，实现数据价值最大化。另一方面，因为互联网技术的存在，使得消费者隐私泄露，在大数据下“裸奔”，所以建立数据分类管理制度，从法律上应划清公共数据、商业数据和个人信息的边界，公共数据免费开放，商业数据有偿使用，个人信息未经本人许可不得交易，更不得泄露。

除了征信和数据搜集与加工处理技术的发展，信用评级技术也是目前信用体系发展的核心。根据我国实际，应在法律框架内，按照规范、有序和不搞重复建设的原则，参照德国和法国的模式，充分发挥人民银行登记咨询系统和工商、税务部门年检系统的作用，机构全面负责全国企业征信管理，并集业务、技术管理为一体，具体实施征信采集、信息加工、提供征信产品、维护和完善系统等工作，随时在全国信贷登记咨询网上对企业信用状况进行公示。在此基础上，待条件成熟以后，亦可进一步发展美国式的商业化运作的企业征信公司。同时，要重视发挥行业协会等相关中介组织在为企业和个人提供资信调查和信息资询方面的作用，从而最终形成以中国人民银行信贷登记咨询体系为主，商业化企业征信公司和银行、企业行业协会信息咨询为辅助的资信调查体系。

第四节　第三方信用组织机构需要准入机制

近年来，无证无照经营问题不仅存在于第三方信用组织机构行业，而是一个带有普遍性的社会顽症。但是机构无牌照经营不只破坏了公平竞争原则，扰乱了正常的市场秩序和市容环境，甚至还给人民群众的生命和财产安全及社会治安带来隐患。所以，无照经营已经不是单纯的市场经济秩序问题，更是社会性综合问题，并且该问题越来越被各监管当局重视。所以新时代第三方机构行业的发展，一方面因为准入门槛的提高而使得该市场的专业性得到加强，另一方面，该行业内机构之间并购事件的发生将是常态，从而提升第三方机构的综合化发展。

（一）探索无界，第三方信用经营有界

因为数字金融、互联网金融、移动支付的迅猛发展，信用信息技术已经开始转换到 Fintech 时代，而金融技术革新必定带来第三方机构发展的大浪潮。为了避免第三方组织机构行业的野蛮生长，信用必须持牌经营，任何机构都应当遵循一定的准入机制。从当下的实践我们发现“负面清单”在信用领域的应用效果并不理想。主要是因为负面清单在金融领域很容易给人一些误解，让机构误以为除“清单”所禁止之外任何事情都可以做。因为这样的误解，导致第三方机构在发展的过程中看似综合发展，实则没有清晰的市场定位。实际上，“清单”只是列举第三方机构不能做的事情，并不代表未被列举的事情可以为之。通过总结信用机构的实践与发展可以看出，信用数据涉及面极为广泛，且在社会和伦理上都有争论，只有小心谨慎的探索，才能在维护社会和市场平稳前行的前提下，促进我国信用领域的发展和探索。

（二）信用的经营都需要纳入监管范围

由于第三方之间恶性竞争的态势越来越明显，新时代对第三方信用组织机构的发展提出了严格的监管要求。第三方组织机构的监管可以参照中介组织机构的监管方式，如建立执业管理、机构和高管人员管理、资格证书管理等一系列的监管制度；划定市场进入门槛，在合格参与者可自由进入市场的前提下，通过行政手段，依法清除违规者，主动保护投资者；通过合规监管，预防行业丢掉底线，损害投资者的利益，这些手段都符合新时期用市场的力量配置资源的方向。从法律的角度来看，一切没有牌照机构经营牌照功能清单之外的事，都是属于非法经营，信用产业本身业务范围必须按照业务执照的正面清单严格执行。根据阿克洛夫的“柠檬市场”理论，当市场各方所掌握的产品真实信息处于严重不对称的位置，而市场中又没有可信赖的中介机构时，买方由于无法评估商品的真实状况而不愿意出高价，优质产品因此惜售而逐渐退出市场，次品逐渐充斥，最终形成劣币驱逐良币的结果。可以预见到，如果没有来自监管层的信用背书和行业自治的努力，那么那些能为投资者提供优质服务的第三方机构将最终在市场的恶性竞争中被淘汰，甚至在某些极端的情况下，市场也会在这样的逆向选择中最终萎缩。具体来说，工商登记、部门发照的时候，应当给每一种信用工具、信用牌照制定一个符合现阶段发展形势并具有可操作性的清单。除了小范围风险可控的前沿“沙箱”探索，信用经营都必须在监管范围内谨慎经营。但是，需要明确的是有效监管是重建市场的第一步，最终目的还是要通过市场选择来实现。

第五节 未来已来

信用体系建设，从本质上说，是通过技术手段扩大了可数据化的交易资源。将信用交易的边界从金融市场向社会行为和各行各业渗透。信用体系将极大地简化社会治理结构和降低经济交易成本，并将社会秩序和道德通过资本化进行表达。这一方面要求完善的基础设施作为保障；另一方面，专业化、独立的第三方机构是重要参与主体。第三方组织机构的信用化，新兴信用机构的第三方发展是未来的必然趋势。

技术的不断更新迭代催生了对于未来的无限可能性，也击碎了原有的商业模式、市场经营环境，并对社会治理框架造成冲击。客观事实是新要求、新挑战，也是新出路、新机遇。面对未来第三方信用的发展，更精细的分工，更复杂的技术架构，更全面的信息渗透在为我们提供更加舒适便捷生活，更具活力的发展动力同时也使得经济和社会承载着更复杂的风险。第三方信用机构如何管理自身风险，外部如何监控都是急需思考的问题与挑战。本书试图从制度、基础设施、监管方式等角度对控制第三方信用的信度风险，提供一些思考和建议。

信用制度上的发展、变革与创新应该在完善大数据应用的制度环境，建立统一共享的大信用系统，制定常态化数字金融审慎监管制度，最终实现穿透式监管。立足于防范发生系统性金融风险为前提，研究制定信用市场监管制度，引导数字化信用体系康发展正确方向。联合研发可行的技术方案，有效管控信用信息安全。市场对创新总是抱着急切的期待和最大的包容性，监管则必须保持风险控制的定力，对待创新总是更加审慎。具体而言，一是信用制度创新滞后，新的法律对信息保护作了严格的规定，但对于公众数据的归属和管理，对于个人信息的商业利用，还有待制定具体明确的法律规范。我国信用数据标准不一致，征信系统不一致，信用数据分散在金融监管机构、金融机构、工商行政管理、税务、海关等不同部门的征信系统中。大多数小微企业没有信用标记，无法积累信用，也就不能产生信用正价值。据测算，美国信用体系的覆盖率高达92%，而我国只有大约35%。二是数字监管制度创新滞后，互联网信用标准化工作稳步需要推进，制定互联网消费金融、网络借贷信息披露、互联网金融云计算相关标准，对区块链监管进行探索。制度创新应该与时俱进，对于复杂的、融合的业态必须实施穿透式监管。要完善大数据应用的制度环境；对信息数据的归属、应用和管理，应制定明确的法律规范；明确公众信息数据的社会属性，保护公众信息数据的安全，限定信息数据的商业应用范围，防止企业和个人私密信息被滥用，切实保护个人隐私；重新审慎安全定义，确保数据系统可靠性；安全技术手段应该与时俱进，形成以分布式数据多元符合新的技术环境的安全技术和制度；建立统一共享的大信用系统。在国家层面，应重点规划大数据基础设施建设，加快政府数据资源整合，推进工作数据资源开放共享，建立标准统一的统计制度，建立集中统一的数据库，建立互联共享的数据应用系统，实现信用一本账，形成能够支持穿透式审慎监管的基础设施。

案　例

案例一：国家采购中心采购和信用管理体系建设案例

政府采购作为现代市场经济条件下公共财政和公共管理制度的重要组成部分，对经济和社会发展发挥着十分重要的作用。自2003年《政府采购法》实施以来，我国的政府采购制度建设扎实推进，政府采购事业蓬勃发展，取得了显著的成就。政府采购规模一直稳步增长，截至2016年，我国政府采购规模为31089.8亿元。政府采购的管理体系逐步建立，“采管分离”工作逐步推开；政府采购的制度框架逐步完善，逐步建立起以《政府采购法》为核心的政府采购法律法规体系。从政府采购配套措施和管理机制来看，我国政府采购的相关配套措施也在不断完善中，政府采购的监管机制日渐成熟，政府采购第三方信用体系建设初见成效。

一、发展与背景

1994年我国政府正式采用政府采购制度。2003年正式实施《中华人民共和国政府采购法》，从此我国政府招投标工作开始步入规范化发展的轨迹。从发展趋势看，面对招投标市场全面放开的发展趋势，以及招标投标全流程实现电子化，原有的招标投标模式也将发生根本改变。此外，政府招投标资质全面取消也不可阻挡，这也是行政监管方式的转变，即由事前（资质审批）转为事中和事后监管。随着招标代理机构享有的“资质”“收费”两项制度优势的逐步消弱，以及经济发展趋缓、投资减少的大环境影响，招标投标市场在重新洗牌的同时，竞争也将更加激烈。在此形势下，仅仅靠行政监管、企业诚信自律、行业引导，尤其是在全社会信用建设不到位、不健全的情况下，解决不了招投标活动当事人，特别是招标代理机构因经营失信行为或违法违规情形受到应有惩戒的作用。因此，建立科学的招投标信用评价体系，以更高的要求规范招投标活动尤为重要。从当前的新时代情势来看，招投标信用评价指标体系的建设对于招投标市场的参与者公平竞争，依法依规组织开展招投标活动，促进招标投标行业健康持发展将会起到重要的作用。

政府采购是为实现具体的国家政策的一种经济手段，因为其具有竞争性强、透明度高、公平性高的特点，已经成为全球各国最主要的采购方式。建设完备的招投标代理机构信用评价体系已成为目前迫切需要解决的问题。而招标代理作为目前招投标过程的重要的主体，第三方信用评价体系能够规范该行为主体的活动，从而起到降低招标成本，提高招标质量，使招标过程更加规范，更有利于市场交易活动进行的作用。

本案例研究的主体是国家采购中心（以下简称“国采中心”）。基于对国采中心招投标工作的深入了解，获取有关国家招投标过程中的信用评价指标体系的建设情况，继而辐射了解全国招投标过程的信用评价指标体系的建设。本次研究还结合各种调查和研究手段，收集资料，采集数据和面谈等总结国采中心招投标工作的先进经验，提出政府招投标工作应当充分利用互联网科学技术推动招投标工作的电子化、信息化进程，同时对建立健全社会信用评价指标体系提出对策建议。

二、运行现状与特点

（一）发展现状

目前，国家对招标代理实行准入制度，早期有工程、国际、政府采购和中央投资项目四项招标代理资质，只有获得相应资质的企业才能从事对应的招标代理业务。十八大后，随着行政审批制度改革和充分发挥市场在资源配置中的决定作用，招投标行业也发生了深刻变化，表现在先后取消了机电产品国际招标资质和政府采购资质，招标代理服务收费也由政府指导价走向全面放开，实行市场化定价机制。随着政府采购在我国现行经济形势下，对国民经济的宏观调控作用日益凸显。

中央国家机关政府采购中心于2003年1月10日正式成立。其是中央国家机关政府集中采购的执行机构，是经注册的独立事业法人。经过十几年发展，我国政府采购范围不断扩大，采购总额持续高速增长，已由2002年的1009亿元增加到2016年的31089.8亿元。

国采中心已经建立自己的门户网站，从该网站上能够查询政府采购公告、政府采购的流程，了解政府招投标工作需遵循的制度与法规以及政府采购的理论与实践。通过该网站我们可以了解到国家对政府采购的目录和标准作了详细的规定。政府采购分为三大类：货物类、服务类和工程类。货物类包括了政府采购的基本需求，包含软件类、信息类、空调类、汽车类、办公用品类、电子卖场、家具类、电梯类和通用耗材；服务类主要包括出差会议、印刷项目、汽车保险、汽车加油和汽车维修；工程类则有工程定点采购、工程造价定点和工程监理定点。

国采中心因为工作庞杂而繁琐，设立了多个职能部门，每个职能部门各司其职。其主要职责是：负责统一组织实施中央国家机关政府集中采购目录中的项目采购，制定集中采购操作规程，负责集中采购业务人员的培训，办理其他采购事务等。国采中心组织实施集中采购活动不收取任何费用。其共设立八个职能科室：中心内设办公室、综合监管处、采购一处、采购二处、采购三处、采购四处、项目评审处和信息服务处。

根据最新的统计数据可得，截至2017年11月中旬，政府采购人31133家，供应商93247家，商品数量1383496种，网上竞价20518次，协议供货和定点采购246238次，因为国采中心实施动态监测和管理，所以数据仍在不断更新中。

（二）国家采购中心运营状况

2016年，全国政府采购规模继续保持快速增长，采购规模为31089.8亿元。剔除一些地方以政府购买服务方式实施的棚户区改造和轨道交通等工程建设项目相关支出5358.5亿元，全国政府采购同口径规模为25731.3亿元，较上年增加4660.9亿元，增长22.1%，占全国财政支出和GDP的比重分别为11%和

3.5%。2015年政府采购总规模为21070.5亿元，相比2014年增加3765.2亿元，增长21.8%。如图3所示，可见从2014年开始政府采购规模一直保持增长趋势。

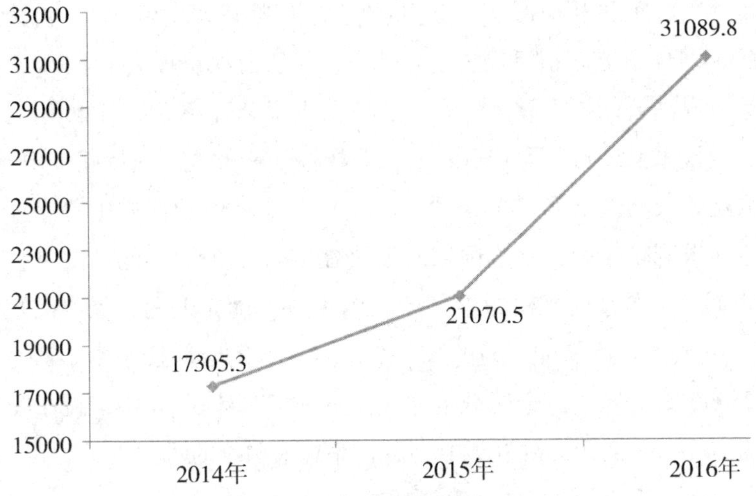

图3　2014－2016年政府采购总规模变化情况（单位：亿元）

从政府采购结构来看，货物类采购规模占政府采购总规模比重下降，工程类采购比重相对稳定，服务类采购比重上升明显。2016年货物类采购规模为7240亿元，较2015年增加668.6亿元，增长10.2%，占全国政府采购同口径规模的28.1%，较上年下降3.1%。其中，台式计算机、车辆等通用设备采购规模下降8.4%；医疗卫生、教育科技领域的专用设备采购规模增长6.9%；医药品采购规模增长19.5%。工程类采购规模为13630.4亿元，较上年增加2475.2亿元，增长22.2%，占全国政府采购同口径规模的53%，与上年基本持平。服务类采购规模为10219.3亿元，剔除以政府购买服务方式实施的棚户区改造和轨道交通等工程建设项目相关支出5358.5亿元后，服务类采购同口径规模为4860.8亿元，较上年增加1516.9亿元，增长45.4%，占全国政府采购同口径规模的18.9%，较上年提高3%。

从政府采购组织形式和采购方式来看，分散采购规模占政府采购总规模的比重呈上升趋势，公开招标规模占政府采购总规模的比重下降明显。政府集中采购、部门集中采购、分散采购规模分别为 16446 亿元、6132. 9 亿元、8510. 8 亿元，占全国政府采购规模的比重分别为 52. 9% 、19. 7% 和 27. 4% 。分散采购比重较上年上升 6. 7% 。这是主要因一些地方落实简政放权要求，调整政府集中采购目录，集中采购项目相应减少。公开招标规模为 19935. 3 亿元，占全国政府采购规模的 64. 1% ，公开招标仍占主导地位，但所占比重较上年下降 13. 6% 。主要因不少地方提高公开招标数额标准，相应减少了公开招标项目数量。同时，各级预算单位根据采购项目不同特点，选择非招标采购方式的项目逐步增加。

从政府采购政策功能落实情况来看，在支持节能环保和促进中小企业发展等政策功能方面得到较好的体现。国家政府强制和优先采购节能产品规模达到 1344 亿元，占同类产品采购规模的 76. 2% 。国家政府优先采购环保产品规模达到 1360 亿元，占同类产品采购规模的 81. 5% 。政府采购合同授予中小微企业的总采购额为 24036. 2 亿元，占全国政府采购规模的 77. 3% 。其中，授予小微企业的采购额为 10193. 9 亿元，占授予中小微企业总采购额的 42. 4% 。

（三）国采中心第三方信用体系建设情况

招投标第三方信用评价体系是一项完整的系统工程，既有其他行业信用评价体系建立的一般规律，也应根据招投标行业的独特性来设计建立符合本行业发展的评价认证体系，主要包括法规制度、规范标准、评价技术和组织形式等。法规制度是政策保障条件；规范标准是企业建立体系和持续改进的依据和标准，包括科学全面的评价因素和指标；评价技术是各评价要素和指标的测量方法；组织形式是指引入第三方评价机构，制定第三方信用规范标准和认证程序，审核企业信用建设情况并做出评级认证，评级认证应实行动态管理。基于国采中心对于供应商或者投标方暂时没有完备的信用评价指标体系，以下主要从政府采购过程中出现的失信行为和国采中心制度建设两个方面了解国采中心的信用体系建设情况。

1. 政府采购失信行为划分

国家对招投标主体的失信行为惩戒有严格度的规定，主要依据《中华人民共和国政府采购法》的有关规定，对失信行为的划分为四种方式。按照时间阶段可分为招投标阶段、合同履行阶段的失信行为；按照参与主体可分为招标人、招标代理、评标专家、投标人的失信行为；按照失信行为的性质可分为违法、违规、一般失信行为；按照隐藏的内容可以分为隐藏知识、隐藏行为。招投标过程中的失信行为包括明招暗定、借用资质挂靠投标、串标、陪标、转包、分包、个别招标代理唯利是图及少数评委专家意向评标等。合同履行阶段的失信行为分为两类。一类是违法、违规行为。如违反建设程序，违反质量、安全等法律、法规、规章、规范的行为。另一类是一般失信行为，但不属于违法、违规行为，主要指合同的履行不符合合同约定。如施工单位造成工期延误，按照合同约定，施工单位应承担相应的成本，同时对业主损失给予相应的赔偿。

根据中央政府采购网的数据，截至2017年11月，被暂停网上竞价资格的企业有7100家，根据中国政府采购网数据统计，从2014年11月20日至2017年10月27日，被记录为政府采购严重违法失信行为的企业数333家。失信行为主要包括违反《中华人民共和国政府采购法》相关条例、串标、提供虚假个人证明等材料谋取中标、中标或者成交后无正当理由放弃中标、隐瞒重大法律事实的违法、违规行为等。处罚方式包括罚款、列入不良行为记录名单、一定期限内禁止参加政府采购活动等。

2. 失信行为惩戒机制设计

国采中心在进行供应商失信行为惩戒机制设计时主要考虑了4个要素。

首先，建立了开放的信用信息数据库。目前企业的信用信息主要包括企业信息、企业业绩、获奖情况、行政处罚等。其中与守信或者失信信息联系最为紧密的部分是获奖情况、行政处罚。实际上，对于大多数的失信行为，通常达不到行政处罚的程度。因此，信用信息库除了收集行政处罚外，还建立了一个收集一般失信行为的子信息库。该子信用信息库所收集的信息未达到行政处罚程度，因此不会对当事人的信用分数产生直接影响。但是可以作为招投标交易当事人的参考资料，使其尽可能全面地了解对方的真实情况，减少了信息不对称对自己造成的损失。

其次，对信用信息加工，成为信用产品，并以合法的方式进行传播。目前主要是利用行政处罚信息及其他信息形成信用分数，进而形成信用评级。但是该信用评级未包含该企业在招投标阶段、合同履行阶段，甚至是经营阶段的一般失信行为。

再者，对众多主体共同构建一个市场联防机制，以此让失信者在很多方面受到限制。招投标交易（及合同履约）失信惩戒的主体包括司法机关（刑事处罚）、行政机关（行政处罚）、金融机构、征信机构（或者政府委托的专业机构）、雇主、供货商、社会公众等。这些主体对失信行为一般分为三个等级：需要承担法律责任的失信行为；需要承担行政责任的失信行为；一般失信行为，该类失信行为没有触犯刑法也未违反法律、行政法规、部门规章的强制性规定，但明显是一种失信行为，如违反合同约定、承诺等。

最后，设计合理的守信激励。除了对失信行为进行惩戒以外，同时还注重对于重合同、守信用的企业给予一定的优惠。根据美国心理学家和行为科学家斯金纳的强化理论，对供应商或者投标主体适当的优惠和奖励也是惩戒机制的重要组成部分，能在一定程度上减少主体失信行为，从而提升招投标整体的信用水平。

3. 政府采购制度建设

政府进行采购工作过程中必须遵守相应的法律法规和政策性文件等，并形成了一套科学完整的管理手段和方法，以提升自身应对各种风险的能力。总体而言，法律法规和政策性问价可以分为八大类。一是财政部规章，包括《政府采购货物和服务招标投标管理办法》（财政部令第 18 号）、《政府采购非招标采购方式管理办法》（财政部令第 74 号）、《政府采购信息公告管理办法》（部长令第 19 号）、《政府采购代理机构资格认定办法》（财政部令第 31 号）等；二是财政部规范性文件，如《财政部关于政府购买服务信息平台运行管理有关问题的通知》（财综〔2017〕57 号）、《财政部关于 2017 年开展全国政府采购代理机构监督检查工作的通知》（财库〔2017〕125 号）、《财政部国家发展改革委关于调整公布第二十二期节能产品政府采购清单的通知》（财库〔2017〕129 号）和《关于坚决制止地方以政府购买服务名义违法违规融资的通知》（财预〔2017〕87 号）等 194 个财政部规范性文件；三是国务院中心文件，包括《国务院办公厅关于印发中央预算单位 2017—2018 年政府集中采购目录及标准的通知》（国办发〔2016〕96 号）、《国务院办公厅关于印发整合建立统一的公共资源交易平台工作方案的通知》（国办发〔2015〕63 号）、《国办转发三部委关于在公共服务领域推广 PPP 模式指导意见的通知》（国办发［2015］42 号）等 18 项文件；

四是采购中心文件，如《国采中心编制信息类货物采购需求模板》、《中央国家机关 2015—2016 年政府集中采购目录实施方案》、《关于全面推行采购人自行录入单独项目信息进行委托的通知》等 17 个文件；除了前面提及的四项还包含其他的文件，如其他部委文件 28 项、地方规章办法 340 项、相关法规 23 项和国际法规 38 项。其中相关法规包括《中华人民共和国招标投标法》《中华人民共和国行政诉讼法》《中华人民共和国行政监察法》《中华人名共和国行政处罚法》以及《中华人民共和国审计法实施条例》等；国际法规则包含孟加拉国政府出台的《公共采购法》、欧盟出台的《政府采购公公指令》《英国政府采购制度体系机构设置》《联合国（招标）采购投标的条款和条件》及《政府采购协议》等。

三、评价分析

（一）存在的问题

1. 虚假招标隐蔽性增强

目前，许多工程仍采用综合评标法。有些工程项目在开标过程中，会出现这样的情况：各投标单位，标书制作悬殊较大，其中一家的技术标书制作较好，而其余单位的标书中，技术标书制作存有漏项、明示、暗示，或在经济标报价时，根据公布的控制价，中标单位报价合理，其余投标单位报价偏高或较低，按现行的综合评分方法中经济标得分计算方法，这家得分高得多，其余单位得分相对较低。结果谁中标可想而知。凭经验判断，这很明显是一种“虚假招标”，除中标单位外，其他投标单位就是一种“虚假招标”，但追查开标之前的所有招标手续，从工程报建、发布招标公告到投标单位报名、资格预审、项目部备案，再到开标程序，样样合法。对于这种表面上合法而实质上违法的“虚假招标”，我们缺乏充分的理由对其进行定性与查处。因为招投标双方的“暗箱操作”不会体现在招标投标文件与招标程序中。

2. 招标代理机构违规操作

招标代理机构为了自身利益却唯建设单位意见是从，帮助建设单位搞“暗箱操作”。前面提到的“虚假招标”很多是在招标代理机构的操作下完成的。造成这一现象的原因很简单，就是混乱的招标代理市场。招标代理机构之间的不正当竞争造成了他们必须听从于建设单位的意见，并按照建设单位的意图开展工作，否则就会失去“市场”。在这种背景下，招标代理机构既要为建设单位提供“优质服务”，又要组织几个投标单位来“陪标”。经过他们这样的“中介”，一个“虚假招标”就产生了。

3. 缺乏完备的第三方信用评价指标体系

对政府采购工作而言，因为其工作的繁复，所以标准化的工作体制是必不可少的。标准化建设主要体现在对个人与企业信用的标准记录、标准化的电子管理体系和标准化的信用评价指标体系等。虽然国采中心会对供应商做出一定程度的信用评价，但是根据调查组了解，国采中心并没有制定一套完整的信用评价指标体系，还处在第三方信用评价指标体系建设的初级阶段，暂时只能纵向评价某个行业企业的信用状况，但是并未搭建行业之间信用信息沟通的桥梁，还不能对不同的行业的参与主体进行纵向的信用评价。

（二）发展的对策建议

招投标市场的失信行为将直接影响到政府在公众中的形象，影响到国家投资目标的实现，影响到我国建筑法律法规的落实。因此，完善建设工程招投标市场诚信体系具有非常重要的意义。但要从根本上遏制招投标领域信用缺失现象发生，依然存在着许多方面需要完善。为此，提出以下建议。

1. 加强制度建设，加大对违法行为处罚的力度

不难看出，招投标中的失信现象的发生，并非我们的法律法规不完善造成的，而是有法不依、执法不严的问题。招投标中的失信行为，其实质是违反工程建设法规的问题。无论《建筑法》《招标投标法》还是建设工程其他法律法规，都有对违反法律法规应该承担的法律责任的处罚规定。那么为什么还会出现这种现象呢？这与对建设工程法律法规的监督、检查、贯彻、执行力度不够有关。因此，各政府相关部门应该思考深层原因，制定切实有效的措施，制定监督管理制度，对建设工程法律法规的监督、检查工作制度化，加大对违法行为的处罚力度，使各主体将严格执行建筑法律法规成为自觉的行为，真正做到有法可依、有法必依、执法不严、违法必究。

2. 为供应商建立诚信档案

为了更好地履行监督管理职能，应根据建设部《关于印发 < 建筑市场诚信

行为信息管理办法 > 的通知》精神，建立切实可行，便于操作的诚信行为信息管理系统。该系统的建立可以借鉴全国其他省份或其他行业的做法，建立建设工程招投标诚信行为管理制度、信用体系信息共享平台、建筑市场信用考核评定制度等，实现建设工程招投标诚信管理制度化，并使该制度具有可操作性。

3. 加强对建筑市场主体各方的法制教育、招投标诚信教育和培训

加强对招投标市场主体的法制教育、培训，让每个参与方都熟悉工程建设法规的具体要求，同时也熟悉对其他行为主体的权利和义务。这样，既能够保护自己的合法权益，也能够对其他主体进行监督作用。

4. 建立循环的互相牵制的信用考核机制。

对于参与招投标活动的各方当事人：建设业主、投标人、招标代理机构、建设行政监督机构都应进行诚信记录和考核，形成相互牵制的信用考核机制。按照建设部2007年283号文件精神，建立标准统一的惩戒机制及诚信档案信息平台。这是对失信者受到惩处，也对守信者进行奖励，使其得到社会应有的肯定，从各方面支持守信企业的发展。

案例二：南京“互联网+政府公共资源交易”信用体系建设案例

一、发展与背景

我国市场经济已经进入大数据市场经济时代。这对我国政府公共资源交易起了显著推动作用。2016年3月5日，“互联网+政府服务”概念首次被写进十二届全国人大四次会议政府工作报告中。2017年1月，国务院印发《“互联网+政府服务”技术体系建设指南的通知》（以下称《建设指南》），要求通过加强顶层设计，对各地区各部门网上政务服务平台建设进行规范，优化政务服务流程，推动构建统一、规范、多级联动的全国一体化“互联网+政务服务”技术和服务体系，标志着我国政府公共服务与管理已经迈入“互联网+政府服务”2.0新时代。《建设指南》以服务驱动和技术支撑为主线，提出了优化网上政务

服务的解决路径和操作方法，从四个方面明确“互联网+政务服务”技术体系的具体要求，即业务支撑体系、基础平台体系、关键保障技术体系和评价考核体系。下文将重点围绕这四个体系对南京市政府公共资源交易的情况展开论述。

互联网技术使得政府服务标准化、规范化，项目审批更加深化和细化，促使数据共享，建立省市信息共享交换平台，推进跨部门跨地区、跨层级平台互通、数据共享、业务协同等，实现异地办理、远程监控。同时，也能帮助整合第三方数据和评估手段开展政府政务服务评估体系，建立配套完善的信用机制，提升政府公共资源交易平台的信用管理水平。信用评价已在我国工业、商业、外贸、交通、建筑、房地产、旅游，特别是金融等行业中广泛应用。虽然通过金融大数据，获得交易主体的信息，了解交易主体的成本更低、更准确，但是在利用互联网技术进行大数据整合时如何避免产生数据垄断，形成数据孤岛和鸿沟也是政府在进行公共资源交易的过程中需要谨慎考虑的问题。所以在此问题的基础上，信息共享和合理信用机制的建立尤为重要。

“互联网+”已上升为国家战略。与此同时，步入新时代的政府采购制度改革，也在顶层设计中鲜明地反映了国家和新时代发展的主题。当前，网上商城如雨后春笋般出现，但是，政府采购究竟该如何有效嫁接互联网，哪种思路和模式能够真正代表未来的方向是本研究的核心。面对“互联网+政府采购”这一新事物、新业态，政府采购领域内依然存在许多值得深入研究和探索的重要问题。

政府公共资源交易平台交易体系复杂，内容包括工程建设招投标、土地和矿业权交易、企业国有产权交易、政府采购、公立医院药品和医疗用品采购、司法机关罚没物品拍卖、国有的文艺品拍卖等所有公共资源交易项目。在该平台进行交易的企业数量和种类更是复杂，企业库中企业类别达10种以上，包括采购单位、供应商、施工单位、运输单位、养护单位、招标代理、项目管理、监理单位、勘察单位、设计单位、检测单位等。由此可见，对政府公共资源交易平台而言，数据收集和整合尤其重要，所以研究互联网大数据技术对政府公共资源交易平台的影响是此次调研的主要目的。

二、运行现状与特点

（一）交易中心发展概况

2011年10月，南京市公共资源交易中心挂牌运行，建设工程、政府采购、产权交易、交通招投标、货物招投标、土地交易等六个交易中心在保持原有行政隶属关系的前提下，整建制入住市政务服务中心。该中心的建立实现了从分散地点交易到集中场所交易。2014年5月，该中心按照"一委一办一中心"公共资源交易管理新体系，成立了市级公共资源交易管理委员会，下设办公室，同时将六家交易中心从职能部门剥离，整合组建市公共资源交易中心（以下简称"交易中心"），承担为全市公共资源交易活动提供场所、信息、咨询、见证等相关服务工作。2014年12月，市政府印发《南京市公共资源交易管理办法》《南京市公共资源交易中介机构库管理办法》《南京市公共资源交易目录》，为公共资源交易活动有序开展提供了制度保障。

2015年1月4日，南京市公共资源交易中心正式对外运行，实现所有业务"一口受理"，率先完成市级公共资源交易平台整合工作。2015年6月，南京市政府交易中心被国家发展改革委员会确定为全国公共资源交易数据直报点，并从7月开始按季度报送公共资源交易数据，为研判当前经济形势提供数据来源和参考。

（二）部门职能

交易中心内设办公室、业务受理部、工程交易部、政府采购部、货物资源部和信息网络部等六个部门。

整体而言，该交易中心的工作职责包括九大板块：一是负责为各类公共资源交易活动提供场所、设施服务；二是负责全市公共资源交易公共服务平台系统和电子专业交易系统的建设、运营、维护和管理；三是负责收集、存储和发布各类公共资源交易信息，为公共资源交易各方主体提供政策法规、企业、专业人员等信息咨询服务；四是负责根据公共资源交易目录受理核验进场交易的市场主体资格和交易项目资料；五是承担公共资源交易各类保证金的代收代退工作，按照政策规定收取综合服务费；六是负责见证公共资源现场交易活动，维护交易活动秩序，整理、保存相关文本文书、电子介质等交易资料；七是负责依法组织实施政府采购业务；八是负责监控交易现场的违法违规行为，协助有关监管部门调查处理；九是承办市委市政府交办的其他工作。

六个职能部门同样各司其职。办公室负责机构编制、人事管理、干部考核、职称申报、劳动工资等具体工作，负责制定中心内部管理制度，监督检查制度执行情况，负责年度预算编制申报、会计核算、财务审计、银行账户及现金管理等工作。业务部负责受理各类进场交易活动的法律法规、交易流程等业务咨询工作，按交易目录受理各类进场交易事项，受理政府采购供应商质疑事项等。工程交易部负责为工程建设项目勘察、设计、施工、监理等招投标活动提供现场管理及见证，协调安排工程建设项目评标时间及评标场所，记录、制止和纠正违反交易现场管理制度的行为，发现开评标过程中的违法违规行为及时向有关监管部门报告，维护公共资源交易秩序等。政府采购部负责政府集中采购目录范围内项目的采购工作。货物资源部负责为负责工程建设项目货物招投标活动提供现场管理及见证，为国有企业产（股）权交易、行政事业单位国有资产交易及其他公共资源交易提供项目推介、组织洽谈、合同签约、交易鉴证等综合服务，负责国有企业不良资产、核销资产处置的交易工作等。信息网络部负责中心信息化建设的总体规划、统筹协调，中心门户网站、公共资源公共服务平台、专业交易系统和电子监控系统的建设、运营、维护和管理等工作。

（三）运营现状

2015 年 1 月，交易中心按照国家电子招投标系统技术规范的要求，全新研发“南京市公共资源交易公共服务系统”并成功上线运行。同年 11 月，公共服务系统顺利通过南京市产品质量检测监督检查院关于功能性、安全性及运行效率的检测。目前，交易中心正在将公共服务系统向江宁、浦口、六合、溧水、高淳分中心延伸。其中，江宁分中心已于2016 年10 月使用全市统一的公共服务系统对外运行，并且制定了统一的收费标准。①

南京市公共资源交易中心 2015 年 1 月正式运行，当年交易项目 17452 个，交易额 2199.16 亿元。截至 2016 年 10 月 31 日，交易中心完成各类交易 19307 场次，交易总额达 4413.46 亿元，军队、PPP、排污权、户外广告设置使用权新型项目纷纷进场交易。2016 年交易总项目 20028 个，交易额 2802.25 亿元。2017 年交易数据含浦口、江宁、六合、溧水、高淳五个分中心，上半年市区两级共完成交易项目 11174 个，交易额 1633.18 亿元，其中市本级交易项目 8791 个，交易额 1021.07 亿元。

交易中心主要通过网络"曝光台"的方法约束和规范供应商行为。根据南京市公共资源交易中心官网的统计数据，被记录为不良行为并被行政处罚公示的企业有 15 家，不良行为主要是拖欠民工工资；被通报的企业有 7 家；具有放弃中标不良行为记录的企业有 8 家；违法违规处以红黄牌警示信息的企业有 61 家。

（四）交易中心第三方信用评价指标体系

当前我国市场经济体系的运行扎根于各种错综复杂的信用关系上的，因此建立完备的社会信用评价体系是保证我国市场经济体制健康发展的重要工作。招投标人作为重要参与主体，对招标过程和结果起着关键性的作用，建立完善的招投标人等参与主体的第三方信用评价体系成为招投标市场信用体系建设的关键点。交易中心充分利用互联网优势，建立了既具有可操作性，又具有本地特色的信用评价指标体系。主要从以下五个方面着手。

---

① 根据南京市环保局 2015 年颁发的《关于排污有偿使用与交易收费问题的通知》，具体收费标准为：二氧化硫和氮氧化物 2240 元/年·吨；化学需氧量、氨氮和总磷 3 污染物在纺织印染、化学工业、造纸、钢铁、电镀、食品、电子行业分别为 4500 元/年·吨、11000 元/年·吨和 42000 元/年·吨，其他行业分别为 2600 元/年·吨、6000 元/年·吨和 23000 元/年·吨。该标准逐年实施，第一年按收费标准的 40% 执行，第二年按收费标准的 70% 执行，第三年起按照规定标准执行。南京市排污权交易统一在公共资源交易中心进行，交易服务费属于经营服务性收费，由交易双方分别缴纳。成交金额 100 万元以下（含 100 万元），每笔收费不超过 4000 元；成交金额 101 万～5000 万元，按成交金额的 0.2% 收费；成交金额 5001 万～10000 万元，按成交金额的 0.1% 收费；超过 1 亿元的部分，免收服务费。

1. 启动“3456”工程，打造“互联网 + ”名域

2016 年 1 月，市政务办正式被国务院电子政务办和省政务办确定为全国首批试点单位，参与“互联网 + 政府服务”顶层设计，起草《国家“互联网 + 政务服务”技术体系建设指南》。市政务办紧抓此次试点契机，启动“3456”工程，即以围绕强化政府部门供给侧改革，增强企业市民需求侧感受，引导第三方中介服务接轨等“主客宾”的三方融合；整合门户、监督、业务和数据四大平台；瞄准政务服务标准化、精准化、产品化、平台化、协作化的“五化”目标；建设统一的管理体系，集成统一的服务门户，编织统一的用户网络，搭建统一的监管平台，延伸统一的业务系统，汇聚统一的数据中心的“六统一”机制。以“3456”工程的开展为载体和抓手，一方面强化办事质量控制和服务效果评估，调动各方积极性、主动性，让政务服务的流程显著优化；另一方面形成参与主体更加多元，渠道更为畅通，时效更显快捷，群众满意度得到显著提升的“互联网 + ”名域。

2. “十公开”制度，透明化公共资源交易信息

为了更好地提供信息公开服务，提高公共资源交易透明度，2015 年 6 月，交易中心制定《交易信息“十公开”规定》，全面公开交易目录、交易流程、交易公告、交易进程、交易结果、进场交易证明书、收费标准、信用库成员信息、中介机构库使用信息、交易统计量 10 大类近 30 项内容，涵盖公共资源交易的所有环节和内容，最大限度地保证了交易各方对于交易信息的知情权、参与权和监督权，真正做到让政府公共资源交易在阳光下进行。“十公开”规定执行以来，中心网站访问量从中心整合初期的 10 多万人次增加到目前近 500 万人次。

3. “千分制” + “多评合一”，完善绩效考评制度和评分体系

第三方信用评价是一个动态、综合的过程，因此对招标人信用进行评价是一个多指标的综合评价过程。交易中心的“千分制”在全国政务服务领域首推网上绩效考评。平台根据信用评价指标体系的实施过程和步骤，首先对指标值进行了标准化处理；然后根据招标人在信用评价体系中各指标的重要程度不同，对各指标进行加权处理，确定不同指标的具体权重；最后通过指标值综合生成方法形成科学可行的信用评价指标体系。

交易中心通过采集、记录企业信用状况评价，形成了两种信用评分模式：一是根据企业信用综合评价得分，按照“高等级优先、低等级限制”原则在招标中运用；二是将企业的信用综合评价得分折算成评分分值，直接计入招标项目评分。这些探索有力遏制了围标、串标和挂靠等不良市场行为，倒逼企业重视信用管理，加强自律。

交易中心还将市、区两级政府服务考评纳入全市综合评价体系，明确评价指标实施细则。除此之外，目前，南京市公共资源交易中心积极推进政府热线综合管理平台上线运行高效、快捷、职能、智慧。搭建“多评合一”平台，为投资项目选择中介机构开辟更便捷通道。包括 12345 热线服务，提升社会舆论监督。

4. 第三方信用体系的制度建设

第三方信用评价指标体系只有与信用制度相结合才能更准确地评判参与主体的信用状况，因此交易中心制定了《市政府服务中心暨公共资源交易中心服务规范抢矿监督检查办法》。事业单位政府采购制度的产生便是政府职能改革的一种体现，既有利于合理整合、优化配置资源，又有利于降低政府采购成本，规范政府行为。交易中心的制度建设工作包括，创办《检查工作专刊》、制定“两个清单”，强化责任意识，建立监督检查抽样回访制度，建立超时督办监查机制及进行中介机构库监管等。

5. 智能化引领“网上淘宝”，完善竞价系统

交易中心非常重视政府采购的智能化发展，将智能化、电子化嵌入招投标工作流程的各个方面，从技术上推进“互联网 + 公共资源交易”可持续发展。首先，交易中心建立了并联审批机制。该并联审批系统能大幅度提升审批效率，从 900 天缩短至 50 个工作日。其次，交易中心还开通了招投标外网受理，大大提升了标书的审批效率，提升率高达 76%。另外，交易中心开辟绿色通道，保障大项目审批一路畅通。最后，利用电子化技术，实现远程招投标，大大节省了招投标所需的空间和人力、物力和财力，最主要减少了招投标工作中出现的不确定性因素，如参与主体不能按时到场等。

除了以上，交易中心还充分利用了互联网大数据平台。2011 年，南京市在政府采购领域创新引入“淘宝”模式，建立协议供货网上竞价系统，让采购单

位与供应商背靠背“匿名”发布采购信息和报价，低价者得，打破了政府采购价格总是虚高的怪圈。

三、评价分析

（一）政府公共资源交易平台存在的问题

1. 政府信息和数据共享的程度不够

按照国家个别部委的要求，一些地方也建立了信用信息平台，但平台往往依附在本单位的政务网上，相互独立，互不衔接，部门间信用信息资源不能共享，造成了资源浪费，形成信息“孤岛”。另外，网络数据基本属于滞后数据，不具有预测性，与企业是否履行合同、履行效果如何、项目完成的质量的高低之间没有必然的联系。而且存在违法违规企业的备案记录不在该平台体现的情况，平台只负责合同备案，属于民事失信行为，这对于供应商而言，并不会影响其以后的投标，因此交易中心对于企业的违约行为无法准确评估。

2. 政府采购标准化建设程度不够

根据调查小组的调研了解到，交易中心交易平台还未进行深度整合。一方面，随着政府采购的规模和覆盖面不断扩大，给社会带来巨大经济效益的同时，其传统的采购模式已经越来越不适应新型的政府采购的发展，要完全规避传统采购模式出现的“采购效率低、采购成本高、不够阳光透明”等弊端还需要经历一段时间的检验。必须用标准化驱动信息化，才能提升政府规模化采购工作的效率。因为信息化建设及网上商城的建设应该遵循标准化，只有这样才能规模化，成本最低化，并实现社会价值最大化。交易中心采购标准存在不合理主要体现在采购过程和采购方式五花八门；合同标准、评价标准、商品准入标准等没有明确的定义；采购流程各异，有些是公开招标，有些是定点采购，有些是采用单一来源等。

另一方面，交易中心平台并无管理职能，交易中心全面协调难度比较大，从而导致对供应商的监管力度不够。除此以外，招投标工作的现场管理非常重要，一是对招投标过程的现场管理，二是对项目建设中的现场管理。一般而言，电子化管理属于事后管理，因为交易中心人员不足，不能对项目进行科学合理的事中管理。

3. 信用评级的公示不够，奖惩措施得不到有效实施

虽然交易中心的门户网站公布了失信行为主体的情况，但是对于其他供应商的信用状况并没有进行公示。根据赫兹伯格的“激励保健双因素理论”，曝光企业失信行为能够对其他企业形成警示作用，但是比不会促使其他信用水平不差的企业变得更好，只是维持企业原有的信用水平。如果公布招投标主体信用评价等级及奖励措施，才能对招投标主体形成激励作用，以此促进其提高自身的信用状况，方便招投标各方单位和企业通过登陆网站查询信用状况，作为选择的决策性参考。

各地招投标主管部门在对企业不良行为记录后，通常采取公告、进行招投标标前提示等方式，进行失信惩戒。但这些惩戒措施缺乏强有力的法律法规支持和保障，行政监督机构惩戒力度不足，企业守信获得感有限，惩戒联动机制尚没有建成。对信用信息没有充分应用，特别是没有根据企业信用状况，在市场准入、资质认定、行政审批、政策扶持等方面进行分类监管，从而导致对失信企业的惩戒力度不够。

（二）政府公共资源交易行业未来的发展

1. 统一第三方信用体系建设标准，务实工作基础

一是建设统一的第三方信用信息平台。加快信用信息平台建设，打破信息流通壁垒，逐步将各地的信用信息平台互联，最终实现全国联网联动。二是完善统一的信用法规体系。根据国家有关法律法规，针对招投标市场信用信息的采集、整理、评价、应用和发布、信用机构管理、失信惩戒机制等，制定配套的部门规章和规范性文件，使信用体系建设实现制度化、规范化。三是制定统一的信用评价标准。本着先易后难、简便易行、科学实用的原则，针对各方主体在执行法定程序、合同签订履行、业主工程款支付等突出问题方面，制定发布招投标市场各方主体行为诚信标准。一般而言，标准化建设主要体现在四个方面：首先是采购标准化；其次是政府部门管理标准化；然后是供应商供货管理标准化；最后是第三方服务标准化。特别是对第三方服务的标准化，政府应当重视第三方机构的服务，如针对第三方征信机构服务，虽然这些机构确实存在对征信主体信用评价不太准确的情况，但是政府应当规范其数据来源，帮助其取得正确的数据，以得出更加准确的信用评价结果，而不是采取完全否定或

者“不纳言”的态度。四是构建统一的信用奖惩机制。将信用建设与招标投标、市场稽查、日常监管等相结合，对于失信行为通过教育、行政、经济、法律和舆论等手段进行综合整治，同时对诚实守信行为给予切实鼓励，形成诚信得益、失信受损的市场氛围。

2. 加大协调力度，发挥部门间联动效应

一是加强领导，各地应成立工作小组，明确具体牵头部门，加大协调联动力度。二是制定工作方案，统筹指导当地信用体系建设的工作。三是建立信用信息归集、披露、交换、发布系统，实现信息公开和共享。四是开展诚信教育宣传活动，营造诚实守信的信用氛围。五是由政府带头并鼓励社会各方使用信用产品，培育信用产品需求。六是加强对征信和评估机构的监管，规范其运行。七是与工商、金融等部门共享信息资源，推进全社会信用体系建设。

3. 提高招投标市场各方信用管理信息化水平

信用评估中介机构应充分利用互联网等先进技术和工具，健全招投标市场信用门户网站的建设。在信用信息征集、评价、归档、查询、反馈等环节建立相应的制度，使信息征集规范、评价依据充分、等级标准科学、资料信息完整、信用查询畅通和质疑反馈及时，促使招投标市场各方积极参与，提高信用管理信息化的整体水平。特别是针对招投标人的信用评价体系的建设，对招标人的信用评价及管理，是完善公共资源交易市场监管模式创新工作的重点。招标人信用评价体系将以公开、公平的方式向社会呈现。其实施和应用填补了招标人信用评价空白，有利于遏制招标人违法失信行为的发生，有利于进一步健全公共资源交易市场。政府部门可以通过网络监管信用评价机构的质量和公证性，向社会公开各方信用等级和信用建设制度。招投标市场各方逐步建立信息搜集、统计、发布、共享等网络化信用体系，“信息孤岛”得到有效串联，最终实现企业信用信息的查询、交流及共享的社会化、市场化运作，降低第三方信用评价体系建设的社会应用成本。

另外，可以通过搭建专业的政府采购信用管理平台来提升政府招投标工作的信息化信用管理水平。政府采购的信用评价体系的构建、管理离不开互联网平台，搭建一个专业的招投标主体信息化信用管理平台，是保障政府招投标工作信用体系长效化、高效化的基础。具体来说，该平台的搭建，必须方便政府及相关的招投标管理部门对投标主体进行信用评价、信用记录和信用管理。建立投标主体信用信息库，通过多个端口向利益相关方提供全面的投标主体信用信息查询、调取服务，帮助招投标利益相关方和政府监管部门从中及时获取所需信用信息，做出科学决策。

4. 提升政府的管理职能与力度

第一，提升政府对网上商城的管理职能。首先，政府采购网上商城应该是政府采购的一个管理平台，不仅仅是引进大小电商，还要对其进行管理，包括价格监测、信用管理、服务管理等。简而言之，能够帮助采购监管单位实现管理的手段，轻松地解决政府采购过程中的痛点，也能成为大小电商进入政府采购通道。其次，选择网上商城，在技术层面，不仅要解决特供型号问题，还要将电商中最畅销的产品提取出来。同时，网上商城要解决平台价格与市场价格脱钩的问题，这用一个简单的技术工具就能实现。最后，网上商城能够实现统计功能，并能实现全流程公开透明。

第二，提升政府对物联运营的管理，“互联网+政府采购”少不了物联运营。虽然现今各地都在运用互联网的功能实现政府采购及招投标管理，但实际供货大多还沿用线下传统方式，订单追踪基本靠电话，信息无法实现及时互通，商品采购实施过程的商流、物流、信息流、资金流四大要素，只有资金流勉强实现电子化管理，其他的都无法实现完整的流通管理。这导致政采管理的断层管理，实际交割订单商品的差异化导致采购成本提高。

案例三：北京市住房和城乡建设委员会建筑业监管信用管理体系建设案例

一、发展与背景

北京市住房和城乡建设委员会（以下简称市住房城乡建设委）是根据中共中央、国务院批准的北京市人民政府机构改革方案和《北京市人民政府关于机构设置的通知》设立的组织，是负责本市住房和城乡建设行政管理的市政府组成部门，其监管范围涉及建筑施工及房屋管理，尤其对于与招投标挂钩的总承包企业设计了较完备的评价体系。评价体系的出现是监管服务与市场发展到一定阶段的匹配，是客观推动和主观需求的并举。建筑业是国民经济的支柱产业之一，建筑业的诚信是整个社会信用体系的重要组成部分。目前，我国经济社会正处于全面转型期，建筑市场存在大量违法、失信行为，导致建筑业诚信危机，致使建筑市场信用关系严重扭曲，出现普遍的道德风险行为。由于我国建筑市场信用制度不健全，建筑业中存在的信用环境恶化、失信行为普遍、失信惩罚不力、信用法制建设滞后等诸多问题开始凸显。如何构建完善的建筑业诚信体系，并将诚信体系评价应用到招投标中，以规范建筑市场并促进建筑行业的健康持续发展，已成为当前亟需研究的问题。

二、运行现状与特点

（一）市住房城乡建设委职能

第一，贯彻落实方针政策，拟定工程建设的规章制度。研究起草本市相关地方性法规草案、政府规章草案，并组织实施；研究住房和城乡建设方面的重大问题，并提出政策建议；研究拟订建设工程质量和安全生产的规章制度并组织实施；负责建设工程质量检测机构资质管理，负责施工企业安全生产许可管理；参与重大建设工程质量、施工安全事故调查处理；承担北京市建筑工程事故应急指挥部的具体工作。

第二，承担推进本市住房制度改革，保障城镇低收入家庭住房的责任。研究拟订住房制度改革相关政策；指导直管公房经营管理体制改革；负责公有住房出售、集资合作建房、住房分配货币化的管理工作；研究制定房屋征收拆迁规划与年度计划；负责房屋登记管理；负责物业服务的监督管理；负责城镇房屋使用安全的管理工作，协调有关房屋防汛工作；督促、协调落实私房政策；建立和完善住房保障管理制度；研究拟订住房保障、危旧房改造和古都风貌保护的中长期规划、年度计划和政策，并组织实施。

第三，负责本市工程建设指导与规范管理、行业科技发展的责任。负责重点工程项目建设协调、调度和监管及征收拆迁的协调工作；负责建设工程招标投标监督管理和工程施工许可；负责中央国家机关、驻京部队、中央企事业单位在京审批类工程项目登记备案，并提供建设协调和服务工作；负责村镇工程建设的指导和技术服务；制定村镇建设工程技术标准；组织指导农村危房改造工作；研究编制建筑业科技发展规划和政策，督促有关单位落实国家和地方标准，推进住房和城乡建设科技进步和成果转化；负责建筑节能、墙体材料革新和散装水泥发展及管理工作。

第四，承担本市建筑市场监督管理、规范市场秩序、推动建筑行业发展的责任。研究拟订建筑业发展规划并指导实施；负责建筑市场主体资格认定和监督管理；组织制定建设工程造价计价办法；研究拟订房地产业发展中长期规划、产业政策并组织实施；负责房地产开发、房地产转让、房屋租赁及房地产中介服务的监督管理；负责房地产市场监测分析；负责房地产开发企业、评估机构的资质管理。

（二）建筑市场行为评价指标体系

1. 评价指标设置

建筑市场行为评价指标体系中的指标设置包括良好行为方面和不良行为房面。其中，良好行为方面包括重点突出企业的经营实力、市场占有份额、质量和安全、科技创新等方面的市场行为信息，见表3。

表3 北京市建筑施工总承包企业市场行为评价标准——良好行为信息

信息类别		加分项目			分值		
良好行为信息	新承揽合同额信息	本市新承揽合同额				1~10名	20分
						11~20名	19.5分
						391~400名	0.5分
						其他有新承揽合同额企业	0.5分
		外埠业绩			采集相关信息		
		境外业绩			暂不参与评价		
	获奖信息	国家级		建筑工程鲁班奖	5		
				詹天佑土木工程大奖	5	1~10名	20分
				国家优质工程奖	5		
				华夏建设科学技术奖	5	11~20名	19.5分
				全国绿色建筑创新奖	5		
		北京市级		建筑结构长城杯金奖	3		
				建筑竣工长城杯金奖	3		
				市政基础设施结构长城杯金奖	3		
				市政基础设施竣工长城杯金奖	3		
				建筑装饰优质工程	3		
				北京市文明安全样板工地	2		
				建筑结构长城杯银奖	2	391~400名	0.5分
				建筑竣工长城杯银奖	2		
				市政基础设施结构长城杯银奖	2	其他有获奖信息企业	0.5分
				市政基础设施竣工长城杯银奖	2		
				北京市文明安全工地	1		
	科技进步信息	制定标准信息	国家级	工程建设国家标准	5		
				工程建设行业标准	5	1~10名	5分
			北京市级	工程建设地方标准	3		
		制定工法信息	国家级	国家一级工法	5	11~20名	4.5分
				国家一级升级版工法	5		
				国家二级工法	5		
			北京市级	市级工法	3		
		示范工程信息		建设部建筑业新技术应用示范工程	5		
				北京市建筑业新技术应用示范工程	3		
		科技成果信息		国家科学技术奖	5		
				北京市科学技术奖	3		
				北京市科技成果鉴定	2	91~100名	0.5分
		管理创新信息		国家企业管理创新成果	5		
				北京企业管理创新成果	3	其他有科技进步信息企业	0.5分
		专利信息		申请专利	1		
	社会责任信息	参与援建有关的工程建设行为			1	每事项加1分最多加5分	
		参与抢险救灾有关的工程建设行为			1		
		参与重大活动有关的工程建设行为			1		

不良行为方面统一执行《北京市建筑业企业违法违规行为执法手册》规定

标准见表4。

表4 北京市建筑施工总承包企业市场行为评价标准——不良行为信息

信息类别	减分项目		分值
不良行为信息	企业综合管理	6条	参见《北京市建筑业企业违法违规行为记分标准》
	安全管理	59条	
	施工现场管理	5条	
	质量管理	26条	
	工程承发包及合同履约管理	31条	
	劳务管理	74条	
	人员管理	15条	
	建筑节能与建材使用管理	24条	

2. 评价方法

对企业市场行为实行日评价，评价周期为两年。根据近两年建筑施工总承包企业及注册建造师的市场行为情况，由市场行为监管系统每天自动对其进行市场行为评价，并于次日8时在市住房城乡建设委网站公布排名和得分。社会公众和建设单位可及时查询企业和人员信用状况，建筑施工企业和人员可登录市住房城乡建设委网站查询市场行为评价结果。

对建筑企业市场行为评价过程中，所有数据均来源于行政审批和行政管理环节，确保了评价数据的准确及时；同时，评价过程也建立异议信息申诉与复核制度。具体的评价步骤如下。

（1）确定基准分值（或初始分值）。基准分值（或初始分值）为50分，评价得分满分为100分，最终评分为基准分值与良好行为评价得分之和扣除不良行为评价得分。

（2）基于良好行为评价方法得出良好行为评价得分，最高不超过50分。

a. 业绩方面满分为20分，中标合同额总和全市排名1～10名的加20分，11～20名的加19.5分，依此类推，400名以后有工程项目的加0.5分，没有工程项目的为0分。

b. 表彰、奖项方面满分为20分，获得的奖项加分总和全市排名1～10名的加20分，11～20名的加19.5分，依此类推。

c. 科技进步方面满分为5分，获得的奖项加分总和全市排名1～10名的加5分，11～20名的加4.5分，依此类推。

d. 社会责任方面满分为5分，每发生一起与援建、抢险救灾、重大活动有关的工程建设行为加1分。

（3）基于不良行为评价方法得出不良行为评价得分。

建筑施工总承包企业和注册建造师不良行为得分以《北京市建筑业企业违法违规行为执法手册》规定的标准进行累积记分。

3. 市场行为信用评价工作的特点

（1）体现公平、公正，服务的原则，如市场开放、标准统一等。委内建立了建筑市场监管信息系统，委外建立了建筑市场信息公开平台，如专业管理、部门联动、区县配合、实时监管、社会公众查询等。

（2）体现科学、可操作的原则，如分段计分、每日系统自动评价等。

（3）信用评价结果直接与建设工程招标投标挂钩，并考虑市场分级问题。评标中，信用标在总得分中所占权重一般为5%～20%，其中特大型工程，权重为20%；大型工程，权重为15%；中型工程，权重为10%；小型工程，权重为5%。

（4）解决了“干活越多，过失越多”等扣分问题，如将累计扣分分值分摊到所有在施项目。

（5）解决了外地进京企业初始评价问题，如各资质等级企业信用平均分。

（6）实施差别化监管，如重点监管、限制市场准入等方面。

4. 评价结果应用及效果

（1）在信用体系建设方面，实现了对3523家总包企业、98294名建造师的市场行为信用评价，并将评价结果应用到招投标业务。截止目前，全市已有

8000 多个总包项目招投标应用了评价结果。

（2）市场各方主体诚信意识有所提高。通过信用管理平台建设，梳理了企业资质、人员资格、招投标、合同备案、施工许可、违法违规等与建筑市场相关的 17 个应用系统 36 类数据，以及建筑业 6 大类 100 小类人员信息，并实现项目、企业和人员信息的互通查询。截止目前，数据累计达到 1.8 亿条。市、区两级监管部门在监管过程中，实时查询各类基础信息，点击量达到 2 万次左右。在公共服务方面，全面实现了工程项目信息和企业、人员信用信息的“双公开”。仅 2015 年，社会点击量便达到 15 万次。

三、评价分析

（一）开展建筑施工总承包企业信用评价的现实意义

第一，建筑市场各方主体不规范行为依然存在。改革开放以来，我国建筑业企业随着生产和经营规模的不断扩大，完成的建筑业总产值屡创新高。尤其在北京奥运会、上海世博会、广州亚运会这些大型的热点建设项目后，我国建筑市场已经由点向面展开：各类级别的开发区增加或扩大；城镇建设量加大；高铁路网建设密集；地铁市政建设持续升温。

然而，在我国建筑业加速发展的同时，我国建筑市场发展却频频暴露出其自身存在的问题，其中包括市场自身行为不规范。其问题凸显在建筑市场内普遍存在着运作不规范、不按规程办事的违规违法现象，合同纠纷频繁出现，拖欠工程款和农民工工资的行为大量存在，造成了恶劣的社会影响。政府管理部门虽花很大力气处理清欠，查处违法违规，却很难从根本上杜绝这些行为。市场中违法违规现象时有发生，从建设诚信体系入手规范秩序、净化环境非常必要。

第二，建立企业、人员、项目三大数据库并实现互联互通。我国建筑市场动态监管力度较弱，信息化建设缓慢，使得与建筑单位及工程项目相关的数据库不能得到有效建设和利用，导致失信企业钻空子而不能被严格查处，继续活跃在市场，威胁建筑市场秩序，建筑市场监管队伍单一，不能起到有效的监管作用。

通过建立数据库的互联互通，健全企业、注册人员、工程项目数据库，实现互联互通，建立建筑市场综合监管信息系统。对不满足资质标准，存在违法违规行为，发生重大质量安全事故的企业和个人，依法及时实施处罚，直至清出建筑市场。加强建筑市场监管队伍建设，提高监管效能。督促地方有关部门加强对建筑市场的动态监管，定期汇总通报各地监管情况。加强对地方检查执行情况的监督，使监管部门实时掌控企业、人员、工程项目的动态信息，治理转包、挂靠有据可依。

第三，将市场评价引入招投标。加快建筑市场信用体系建设，营造公平竞争、诚信经营的市场环境，实现信用信息互联互通，提高全行业诚信水平，是建筑业改革和发展的重要保障。招投标是服务于经济建设并体现市场化竞争优势的一个有效手段。招投标作为一种科学的竞争制度，主要是体现了公平竞争，优胜劣汰。让“今天的现场行为决定明天的市场准入”，引导企业树立信用意识，加强招投标市场信用体系建设。

通过建立失信惩戒、守信激励、不良行为记录等制度，建立全市统一的招标人、投标人、评标专家、中介代理机构信用系统和信用发布平台，及时对招投标活动中市场主体及其从业人员的不良行为进行公告。将围标串标、违规转包以及在招投标活动中有其它不良行为的企业和个人列入黑名单。形成“一地受罚、处处受制”的失信惩戒机制。充分发挥招投标行业组织作用，推进行业自律和市场信用制约机制建设。促进企业及执业人员诚信、守法、合规经营，遏制不规范行为，营造良好的市场环境。

（二）建筑市场行为评价指标体系存在的问题

1. 信息归集不全面

完善的诚信信息系统是诚信体系的基本组成部分，是建立建筑市场诚信体系的基础性工作，能够确保诚信信息搜集整理及时准确和实现共享。逐步建立可向社会开放的建筑市场守法诚信信息平台，工程质量监督机构应继续对建筑市场主体违法违规行为的日常处罚决定和不良行为记录及时整理，并按照各自权限通过监管综合信息系统自行上网记录，形成基础性诚信信息，为诚信评价提供信息保障。诚信信息平台的建设要充分发挥现有建筑市场和建筑业科、市场站、质监站、安全站的联动作用，创造诚信得彰、失信必惩的良好市场环境，推进建筑市场诚信建设。

企业信用信息归集共享工作涉及面广、政策性强、数据标准高。这项工作需要各级政府和各部门共同努力、全力合作。各部门要狠抓落实，确保企业信用信息归集共享工作有力有序有效推进。目前，跨省市、跨地区的信用信息不共享，还需要工商、税务、法院等相关委办局，以及协会、第三方机构等数据。

实现企业信用信息归集共享，是构建新型企业监管制度的需要，是促进社会共治、推动社会诚信体系建设的需要，是推进依法行政、构建良好市场环境的需要。现有系统仍然存在地区和部门间企业信息归集不全面、基础设施薄弱、支撑政府管理和服务社会的功能不完善等问题。难以有效支撑和实现协同监管、联合惩戒，不能满足进一步简政放权、深化商事制度改革、加强事中事后监管的需要。

2. 应用服务不全面

目前，因为只有总承包企业与招投标挂钩，只开展了对总承包企业市场行为的相关评价机制，对监管范围内其他类别企业的评价还处于探索阶段。评价对象中缺少对专业承包、劳务、造价和招标，以及房地产等建设单位和人员的评价。同时，除招投标以外的业务应用还不广泛，跨部门、跨区域（京津冀协同发展）的业务协同和数据融合还需进一步深化和探索。除此之外，黑名单、红名单、数据开放等多种手段和方式还需完善。目前信息的应用对于引领和指导建筑业健康发展作用发挥不够。

要根据进一步整顿和规范建筑市场秩序的实际需要，制定发布建筑市场责任主体行为诚信标准。针对当前建筑市场中存在的突出问题，依据国家有关建筑市场的法律、法规及相关政策，本着先易后难、简便易行、科学实用的原则，制定建筑市场各方主体行为的诚信标准。重点评价在建筑市场内从事建筑活动的企业和执业资格人员的诚信行为。要结合日常的招投标管理、质量安全监管执法工作的需要，对建筑市场各方主体在执行法定建设程序、招投标交易、合同签订履行、质量安全管理等方面，提出应达到的最基本诚信要求。对建筑市场的执业资格人员（注册建造师等各类注册人员）也要开展诚信行为的评价。

3. 监管模式有待研究

2014 年颁布的《关于推进建筑业发展和改革的若干意见》提出，建立统一开放的建筑市场体系，要进一步放开建筑市场，推进行政审批制度改革，改革招标投标监管方式，推进建筑市场监管信息化与诚信体系建设，进一步完善工程监理制度，强化建设单位行为监管，建立与市场经济相适应的工程造价体系。随着“放管服”的不断深化，如何以信用为核心的市场化手段，提升行业监管效能和服务质量亟待解决。同时，要充分调动行业协会和第三方机构等社会组织，发挥其各自优势，规范建筑市场秩序。

建立建筑市场监管体系要有法律保障，应根据国家有关诚信法律法规，制定与建筑市场诚信体系相配套的部门规章和规范性文件，使诚信体系的建设和运行实现制度化、规范化，具体内容包括对诚信信息的采集、整理、应用和发布，对诚信状况的评价，对征信机构的管理。

（三）建筑市场评价未来的发展方向

1. 营造良好的社会和行业信用氛围

只有在以提倡诚信，以诚信为本的社会大环境背景下，建筑市场信用体系建设的有序进行才有保障。一是通过各种宣传途径和媒体传播，开展诚信宣传活动，倡导诚信观念，使建筑市场各行为主体深刻认识到信用体系建设对于市场经济和建筑行业可持续健康发展的重要意义，切实提高其对于构筑建筑市场信用体系重要性的认识，诚信经营，在企业生产经营中真正贯彻和落实以信为本的理念。二是政府要发挥信用建设倡导者和支持者的作用，综合利用行政、法律、经济等多种方式培育建筑市场主体的信用理念，提高信用意识，形成自觉守信、诚信经营良好行业风气。同时引导信用需求，调动市场各方主动性和积极性加入到维护和促进信用体系建设的工作中，为抵制各种不良失信行为提供坚实的思想和人员支持，营造良好的建筑市场诚信环境。

2. 完善建筑市场信用管理法律体系

当前来看，我国建筑市场信用体系建设的核心和关键是法制建设。通过政策与立法工作，为建筑市场信用建设提供制度上的保障，从法律层次推进建设市场信用体系的形成和最终完善。首先，针对建筑行业的特点和当前我国建筑市场信用方面存在的问题进行有针对性地法律制定、修改和完善工作，形成囊括建筑市场所有行为主体、涉及市场所有环节的集国家建设法律、建设部等部门规章及信用服务的规范和标准等的完整法律法规体系，特别是关于信用信息采集、披露、使用和共享等的具体标准和实施办法。同时，通过可量化和可操作性的细则规定使信用体系的建设和运行有法可依，有章可循。其次，明确信用信息各方的权利和义务，以法律规范约束建筑市场责任主体行为，做到有法必依、执法必严，违法必究，以有效引导和强化各市场主体的信用意识，保障法律法规的严肃性和强制性，优化建筑市场环境。

3. 进一步完善建筑市场信用信息管理平台

首先，借鉴市场经济发达国家在信用管理方面的先进经验，按照统一的标准和评价方法，做好建筑市场各行为主体信用信息的采集工作，坚持以公正客观的原则实现对于建筑企业及个人身份、经营情况、银行信用等一些数据信息的统一记录和评价，确保信息的准确性、及时性和有效性，提高信用数据库数据的质量并定期进行动态的更新，实现信用信息的档案化管理。其次，在相关部门的统一领导和组织下，各方主体积极配合，加强沟通，积极推进全国性建筑市场诚信信息平台的构建，逐步实现信用信息平台的全国联网，建立起信息共享机制和平台，及时为社会和公众披露建筑市场各主体的诚信状况。实现信用档案方便使用和查阅以更直接了解建筑企业及个人的信用等级，并将其与市场准入、资质管理、表彰评优等工作有效结合起来，使企业和个人充分认识失信行为所造成的严重负面影响及加强信用建设的必要性和迫切性，从而建推动筑市场信用体系建设的进一步深入。

4. 建立健全诚信激励机制和失信惩罚机制

诚信激励和失信惩戒机制是建筑市场信用体系的重要组成部分，也是完善我国建筑市场信用体系建设的关键性环节。除了在法律法规、规章等给予明确规定，更要保障守信获益、失信惩罚基本原则的认真贯彻和有效落实。对于恶意拖欠工资、违法转包、发生安全事故等信用不良企业依据有关规定处以相应的处罚处理，如经济处罚、吊销证照、撤销或更改建筑资质等，加大失信的成本。同时通过全国范围内的统一信用信息管理平台给予上网公示，通过信用信息的共享和广泛使用，切实形成一处失信，处处受制的联动机制，让失信者难以在市场竞争中立足。对于诚信经营的市场主体，则给予相应的政策优惠和支持。做到奖惩分明，进一步调动和激发主动性、积极性，引导主体意识和理念的形成并不断地给予诚信行为以正面强化。同时相关负责部门或行业协会等第三方组织要做好典型优秀企业的宣传，既是对于守信经营者的鼓励，也起到宣传建筑市场信用体系建设的积极效果，进一步促进竞争有序的建筑市场秩序的形成。只有双管其下，真正使守信者获益，失信者得到惩处，才能为我国建筑市场信用体系的建设和完善提供动力上的支持。

案例四：北京市民政局社会组织信用评估案例

一、发展与背景

社会团体是当代中国政治生活的重要组成部分。根据《社会团体登记管理条例》规定，成立社会团体必须提交业务主管部门的批准文件，社会团体实际上附属在业务主管部门之下。中国的社会团体是社会组织的一种，这些社会团体参与国家和地方的政治生活，协调社会公共事务，维护群众合法权益，发挥着巨大的作用。北京市民政局是北京市政府管理社会行政事务的职能部门，主要承担市委、市政府赋予的“社会救助和社会福利、基层民主政治建设、服务军队和国防建设、管理专项社会事务”四大职能。其中，就有针对社会团体进行第三方管理和评估的职能部门安排，促进整个社会的稳定及发展。

截至2016年年底，全国共有社会团体33.6万个，比上年增长2.3%。其中工商服务业类3.8万个，科技研究类1.6万个，教育类1.0万个，卫生类0.9万个，社会服务类4.8万个，文化类3.5万个，体育类2.5万个，生态环境类0.6万个，法律类0.3万个，宗教类0.5万个，农业及农村发展类6.1万个，职业及从业组织类2.0万个，其他5.8万个。全年共查处社会团体违法违规案件1565起，其中取缔非法社会团体9起，行政处罚1556起。

全国共有各类基金会5559个，比上年增长16.2%。其中公募基金会1730个，非公募基金会3791个；民政部登记的基金会245个（其中涉外基金会9个、境外基金会代表机构29个）。公募基金会和非公募基金会共接收社会各界捐赠625.5亿元。全年对基金会作出行政处罚15起。

全国共有民办非企业单位36.1万个，比上年增长9.7%。其中科技服务类1.8万个，生态环境类444个，教育类19.9万个，卫生类2.5万个，社会服务类5.4万个，文化类1.8万个，体育类1.7万个，法律类617个，工商业服务类3459个，宗教类102个，国际及其他涉外组织类9个，其他2.4万个。全年共查处民办非企业单位违法违纪案件783起，其中取缔非法民办非企业单位7起，行政处罚776起，如图4、表5所示。

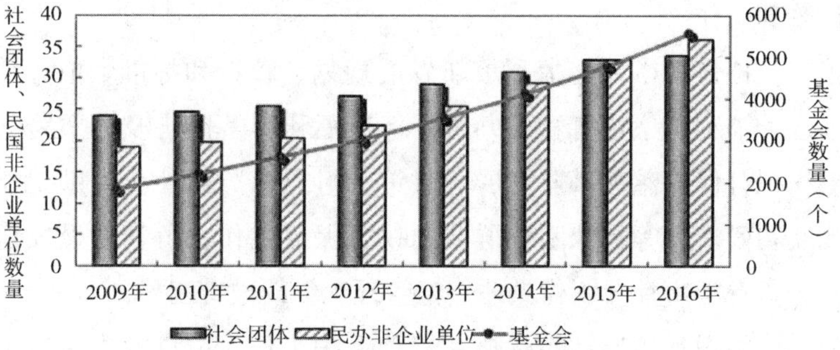

图4　2009–2016年全国社会团体情况

表5　2009–2016年全国社会团体数量情况

组织类型	2009年	2010年	2011年	2012年	2013年	2014年	2015年	2016年
社会团体（单位：万个）	23.9	24.5	25.5	27.1	28.9	31	32.9	33.6
基金会（单位：个）	1843	2200	2614	3029	3549	4117	4784	5559
民办非企业（单位：万个）	19	19.8	20.4	22.5	25.5	29.2	32.9	36.1

建立社会组织第三方评估机制，是完善社会团体综合监管体系的重要内容，是社会组织评估的发展方向。社会组织评估对推动政府监管方式改革，提高社会组织法人治理能力和丰富完善社会组织信用评价体系起到了重要作用，也为政府向社会组织转移职能和购买服务提供了依据。但社会组织评估工作还存在发展不平衡，评估机构独立性不强、专业化水平不高和评估结果运用不充分等问题，迫切要求进一步改进完善评估工作，建立第三方评估机制。

二、运行现状与特点

（一）北京市民政局职能

第一，拟订民政事业中长期发展规划和政策，并监督实施。拟订本市城乡基层群众自治建设具体办法，并组织实施；提出加强和改进城乡基层政权建设的建议，推动基层民主政治建设；拟订本市行政区划管理政策；负责本市行政区域的设立、命名、变更和政府驻地迁移的审核工作；负责全市行政区域界线的管理工作；负责区县边界争议调处工作。

第二，承担登记和监督管理责任。承担依法对本市社会团体、民办非企业单位、基金会进行登记和监督管理责任；指导区县社会团体、民办非企业单位的登记管理工作。

第三，拟订本市社会福利事业发展规划、政策和标准。拟订社会福利机构管理办法和福利彩票销售管理办法；指导福利彩票销售及彩票公益金的使用管理；组织拟订促进慈善事业发展的政策，组织、指导社会捐助工作；指导老年人、孤儿和残疾人等特殊困难群体的权益保障工作；负责建设征地超转人员管理工作；负责本市社会工作人才登记管理和继续教育工作。

第四，组织和指导拥军优属、奖励保护工作。拟订本市退役士兵、复员干部、军队离退休干部和军队无军籍退休退职职工安置政策；指导军供工作和移交地方管理的军队离退休干部休养所工作；承担外地来京上访人员和非正常上访人员的接济服务管理工作；拟订本市对见义勇为人员的奖励和保护政策，负责组织实施见义勇为人员的奖励和保护工作。

第五，拟订本市救灾工作政策，负责组织、协调救灾工作。组织自然灾害救助应急体系建设；负责组织核查并统一发布灾情；组织指导救灾捐赠，接收、管理、分配救灾款物并监督使用。

（二）社会组织第三方评估的基本原则

启动社会组织第三方评估工作，标志着我国社会组织建设与管理工作进入了一个新的发展阶段。实践证明，组织并开展社会组织评估工作对推进我国社会组织发展具有积极的促进作用。在社会组织评估工作中应重点把握好四个原则。

1. 规范性原则

组织社会组织第三方评估工作的目的不完全是为了表彰，也不能完全与政府的以奖代补和购买服务直接挂钩，而是为了促进社会组织的规范发展。要把促进社会组织规范发展贯穿评估的全过程，把评估工作作为促进社会组织发展的出发点和落脚点。一是围绕服务搞评估。不要把评估工作作为缺码难为社会组织，更不能以评估工作为手段把社会组织摆在我们工作的对立面，而要牢牢树立服务的观念以共谋发展为己任，以减少社会组织负担为着眼点，既严肃认真，又热情友好地搞好评估工作。二是围绕全面发展搞评估。以往的年检、考察、调研都只是了解社会组织工作的某个侧面而不能了解其全貌，而评估工作确为全面、系统、深入地了解社会组织提供了难得的机会而参加测评的又是来自各方面的专家，有利于帮助社会组织查找存在的问题，明确今后的发展方向。三是围绕调动社会组织积极性搞评估。评估工作扣分不是目的，要把扣分的过程作为帮助社会组织全面客观查找问题的过程。允许解释，允许申辩，也允许进一步查找和提供新的证据材料，只有这样的扣分才能使被测评的社会组织心服口服，才能引起他们高度重视，加大改进工作的力度。

2. 探索性原则

我国的社会组织发展总体上还处在初始阶段，法律法规建设、管理体制建设、内部管理建设等都很不完备。在这样的发展阶段上进行的评估工作也必定需要随着社会组织的发展而发展，随着社会组织的完善而完善。不论是标准的制定还是考核人员对社会组织及标准的熟悉程度都有不断学习、不断提高的任务。从这个意义上说，当前评估工作都带有试点性质，但每一次试点都是为评估工作积累新的经验，确保评估工作沿着正确的方向发展。

3. 适度性原则

如何掌握好扣分条件，是做好评估工作的重要一环。如果扣分条件掌握过严，被评估的社会组织必定评估级别过低，达到“5A”标准的很少或没有。这样势必挫伤社会组织积极性。“5A”标准的社会组织总体上掌握在10%左右为宜；社会组织发展比较快的地区可以掌握在15%；社会组织发展比较慢的地区可以掌握在5%。使那些在本地区有影响的，有作为的社会组织经过努力达到“5A”标准，成为社会组织发展的龙头和楷模，以此影响和带动社会组织的快速发展。

4. 程序性原则

程序就是根据工作需要，建立一整套工作流程。一是评估组先听取被评估单位的主要情况介绍。二是测评组按评估标准进行分组测评。三是专家组会诊。专家组专门召开会议，对那些很难把握评分的项目进行集体会诊，同时讨论对被测评社会组织的评价。四是向被测评的社会组织反馈评估意见，肯定优点、指出不足、提出建议。五是完善所有的测评内容，写出评语报评估委员会。评估工作进入实施阶段，严格工作流程，对顺利推进评估工作是十分必要和有益的。

（三）社会组织第三方评估方法

1.“分类评定”提升评估结果的科学性

对社会组织第三方评估而言，指标的设置和指标体系的建构是基础，更是关键。如果将社会组织评估比喻为一杆“秤”，那么，评估指标就犹如“秤”上面的“刻度”。它的设定是否精细、全面，对于社会组织评估的科学性、有效性而言意义重大。民政部在充分吸取2005年关于社会组织评估研究招标课题成果的基础上，组织各方专家先后制定了更加可行、便于操作、符合实际的各类社会组织评估指标。总体来看，共设立基础条件、内部治理、工作绩效和社会评价等四个一级指标，在一级指标下面又设立若干个二级指标，在二级指标下面又设立若干个三级指标，在三级指标下面又设立若干个四级指标。

全国性社会组织评估指标的“分类评定”原则主要表现在指标设置与分值权重两个方面。

第一，在指标设置方面，公益类、学术类和联合类社会团体、基金会及行业协会商会在二级评估指标工作绩效和社会评价上表现出明显的差异化：对公益类社会团体的评估主要侧重社团在社会公益领域的工作绩效；对学术类社会团体的评估则主要关注组织在学术活动、咨询交流等领域的绩效；对行业协会商会的评估侧重于行业服务与反映行业诉求；对基金会的评估则重点关注社会捐赠、公益活动以及项目运行中的绩效。

第二，在分值权重方面，公益类社会团体的项目满意度及服务质量主要源于捐赠人及服务受益者的感受，因此其外部评价指标的分值权重显著高于学术类及联合类社会团体；而学术类及联合类社会团体的宗旨就包括促进会员的交流与合作，因此内部评价的分值权重要高于公益类社会团体的相应分值；基金会的基础条件指标不同于其他四类组织，其分值设置为90分，二级指标则增加了对基金会遵纪守法及重大事项报告的考察。根据评估对象的实际情况，进行分类评定，提高了评估指标的信度和效度，进一步增强了评估结果的准确性。

2. 信用评价占比不断加重

在迅速变动的社会背景下，社会组织评估也时时处于探索和完善之中。自从社会组织评估指标体系建立以来，几乎每年都要根据评估实际工作中反映出来的问题进行一定程度的修改。

近几年来，随着评估指标分值的修改，信用评估所占的比例不断得到提升。就基础条件、内部治理、工作绩效和社会评价四大指标而言，专门设置20分在法律等范畴考察社会组织的信用状况；内部治理指标下细分更全面，对财务指标的考量比重加大；同时，逐步开始加深社会评价的影响，引入社会舆论对社会组织的行为效力。

3. 评估标准一体化

标准的一致性，既体现公平公正原则，也体现评估工作的整体水平。这就要求对聘请的专家既要重水平，重人品，还要热心这项工作。对聘请的专家还要拿出足够的时间搞培训，使每个专家都能熟悉社会组织状况熟悉评估标准和条件。大家共同讨统一掌握评分标准和条件。这样有利于积累和丰富专家们的经验更好地掌握评分标准和条件，为公平公正地搞好社会组织评估工作奠定坚实基础。

对于全北京市的评估机构进行统一管理，并制定出统一的社会组织评估标准，经过反复推敲和实践，其评估流程和评估指标几乎每年会有相应细微的变动，以评估的方式促建促改促发展。

三、评价分析

（一）社会组织第三方评估指标体系存在的问题

1. 社会组织第三方评估规范性不足

经过多年的社会组织评估实践，评估越来越规范，如分类评估指标、常态化的评估时间及多元而专业的评估队伍。但规范性作为评估的一个重要内核，在社会组织评估发展的过程中需要不断考核。《社会组织评估管理办法》中对评估程序的规定有利于评估的规范进行，但这些规定较为宽泛，在具体的评估中容易导致评估过程无章可循。全国性及地方性评估机构专业化水平不高、评估机制不健全、评估过程流于形式等问题都是评估规范性不高的体现，特别是地方性评估机构的规范性更弱。除了评估过程的规范性不足使现有评估标准难以严格执行外，评估标准自身也不够完善，特别是社会评价部分相对基础条件、内部治理和工作绩效部分显得较为主观且评估难度可能是最高的。

2. 社会组织第三方评估公信力比较薄弱

社会组织评估公信力不足是规范性不高的一个连带反应，社会组织评估等级所代表的意义没有得到很好的宣传，无论是公众还是相关利益主体对仅有等级公示的评估结果难以完全信任。一方面，提高社会组织评估公信力的可借鉴经验就是依靠中立的社会力量，即第三方评估机构，但评估机构的独立性、专业性和完善的评估机制依然难以完全符合高标准的评估要求；另一方面，部分获得较高评估等级的社会组织却在组织运作实践中表现较差，若无较完善的全过程评估机制，反而使社会组织评估整体的公信力大打折扣。一些社会组织由于不合规范被降低评估等级、被警告，并在中国社会组织网进行公示。总体来说，这些惩罚机制的实施较不完善，对社会组织的反向激励效果不明显，特别需要对社会组织惩罚机制的依据进行深入的分析与客观的选择，使奖惩有据可循，使社会组织评估和社会组织整体的公信力得到提高。

3. 社会组织第三方评估结果应用范围窄

社会组织评估公信力不足的直接结果就是评估应用范围窄。一是应用范围窄，仅在税收优惠、承接政府购买和转移职能、优化年检程序等方面有所体现。《国务院办公厅关于政府向社会力量购买服务的指导意见》中提到“通过年检或按要求履行年度报告公示义务，信用状况良好，未被列入经营异常名录或者严重违法企业名单”；地方也基本类似，如广东省 2012 年印发的《政府向社会组织购买服务暂行办法》中规定，供应方“年检或年度考核合格，社会信誉良好”；地方在具体确定具备承接政府职能转移和购买服务资质的社会组织目录的指导意见时，都将“评估等级在 3A 等级以上”作为优先条件之一，如广东、福建、山东、甘肃等。二是规定性强于操作性。全国和地方对社会组织评估结果的应用较多局限于文本规定，具体操作运用案例则较少，且评估等级更多情况是作为参考条件，而不是硬性规定，如《社会组织评估管理办法》规定，获得 3A 以上评估等级的基金会、慈善组织等公益性社会团体，可以按照规定申请公益性捐赠税前扣除的资格。通过对获得 2014 年度第一批公益性捐赠税前扣除资格的公益性社会团体名单进行评估等级核查，发现3A等级以上的社会组织仅占总数的68%，有32%的公益性社会团体评估等级在3A以下、无评估等级或没有参加评估。这反映出关于社会组织评估结果和公益性捐赠税前扣除资格之间规定与实践的反差，使社会组织评估结果的应用范围和具体实施受到质疑，降低了社会组织参与评估的积极性。

4. 评估氛围还不浓厚

目前全国参评的社会组织只有总数的41.5%，不到社会组织总量的半数。现有的评估主要是被动评估，内容主要涉及组织是否合理使用资金、是否违规操作等，对社会组织内部治理能力、发展前景等缺乏重视，导致许多社会组织认为评估就是检查工作，因而难以通过评估来促进组织发展。

评估机制没有有效发挥激励、监督、促进竞争的作用，评估结果与社会组织的反馈沟通机制尚未建立，评估结果对于社会组织的“后续”影响不明显。一般社会组织的评估结果仅在民政部门网站或相关报纸予以公示、公布，至于各社会组织的评估结果具体如何、存在哪些问题、需要如何改进等有针对性的评估报告尚未形成，也未形成具体的互动反馈、指导、跟进机制。

（二）社会组织第三方评估未来的发展方向

社会组织第三方评估是落实党中央、国务院关于社会组织一手抓积极引导发展、一手抓严格依法管理的重要举措。民政部自2007年开展评估工作以来，先后出台了一系列政策法规，颁布《社会组织评估管理办法》，制定8类社会组织评估指标。目前，社会组织评估已在全国范围内推广，在推动政府监管方式的改革、提高社会组织法人治理能力、丰富完善社会组织信用评价体系等方面发挥了积极作用，初步达到了以评估促改革、促建设、促管理、促发展的目的。近年来，随着各地工作实践的不断创新，社会组织第三方评估工作在全国大多数地方得到长足发展，为提高社会组织评估工作的独立性、专业性和社会参与度提供了新的助力。但与此同时，各地在推进社会组织第三方评估时也遇到一些现实问题，亟须统一规范和政策引导。

1. 充分认识社会组织第三方评估机制的重要意义

一般来说，社会组织第三方评估是指在政府部门指导下，由第三方评估机构依据评估标准和程序，对社会组织一定时段内活动状况及活动业绩、效益、影响和持续性进行的专业化评价。社会组织第三方评估的实施主体是第三方评估机构，与之前完全由政府主导的社会组织评估工作相比，社会组织第三方评估有着更完善的人才保障和制度保障，具有更强的中立性和专业性。

社会组织第三方评估保证了评估的公正性。不同于和社会组织有着千丝万缕联系的政府部门，社会组织第三方评估机构本身和社会组织之间并无太多利益纠葛，能够在社会组织评估中秉持中立态度，客观评估社会组织情况，进而保证评估的公正性。

社会组织第三方评估，提高了评估的专业性。第三方评估机构较之政府部门，有着更为充裕的专业人才储备和人力资源，随着评估业务的不断深入和扩大，能够更从容地处理评估工作遇到的各种问题，保证评估工作得以高效高质地完成。

推进社会组织第三方评估，也可以使政府部门把大量事务性工作转交给第三方评估机构，将工作重心转移至优化评估指标、完善评估结果运用制度等方面，既提高了政府本身工作效率和工作质量，又为社会组织评估工作提供了坚实的制度保证。

党的十八届三中全会以来，创新和完善社会组织综合监管体系成为社会组织领域改革发展的重点，建立社会组织第三方评估机制，对于加大对社会组织事中事后监管力度、完善社会组织管理体系具有重要意义，也是政府转移职能、建立服务型政府的重要体现。因此，无论是政府部门、社会组织还是第三方评估机构，都应认清社会组织第三方评估的重要意义，落实社会组织第三方评估的有关工作。

2. 进一步夯实社会组织第三方评估的保障机制

目前，社会组织第三方评估的试点工作已经在全国多个省份展开，并积累了丰富经验，但同样也暴露出一些问题。这些问题主要集中在社会组织第三方评估机构的管理与遴选、第三方评估机制的资金保障、第三方评估的信息公开和结果运用等几个方面。解决这些问题也将是今后建立社会组织第三方评估机制的工作重点。

首先，要建立第三方评估机构的管理与遴选机制。保证遴选机制的公平和评估机构制度的完备是做好社会组织第三方评估工作的基础，在各地社会组织第三方评估的探索实践中，社会组织第三方评估机构包括民办非企业单位、社会团体、市场中介机构和事业单位等多种形式，并都取得了不错的效果。随着第三方评估机构数量的不断增加，民政部门一方面要通过招标邀标等方式，择优选择第三方评估机构；另一方面要对第三方评估进行监督，定期检查相关资料，确保评估流程规范有序，评估过程客观公正。

其次，要建立社会组织第三方评估资金保障机制。充足稳定的经费保障是评估工作得以顺利有效开展的重要保证，在目前各地的社会组织评估工作实践中，各地之间差异比较明显，经费来源情况不尽相同。在今后的工作中，政府一方面应该做好兜底工作，努力把第三方评估经费纳入到社会组织管理工作经费中，有条件的地方将第三方评估纳入到政府购买服务目录中来，以保证评估经费的稳定性；另一方面应该积极引入社会力量，倡导社会加大对于社会组织第三方评估的关注和帮助。

最后，要积极推进社会组织第三方评估的结果运用。评估结果运用机制是影响社会组织参评积极性和评估效果的关键。社会组织评估的结果运用一直是评估工作的一个薄弱环节，社会组织登记管理机关应积极争取将评估结果作为社会组织接受政府转移职能、承接政府购买服务、享受税收优惠、参加表彰奖励的优先条件，作为信用体系建设的重要内容。通过加强评估的结果运用，将社会组织对待评估的态度由"要我评估"变为"我要评估"。

社会组织第三方评估要求社会组织登记管理机关的角色将原来的"掌舵划船一肩挑"的角色一分为二，将"划船工作"转移给第三方评估机构，专心掌舵，把握好社会组织评估这艘"帆船"的方向，保证它借着社会组织改革的风向平稳前行。

3. 大力推动第三方评估机构自身建设

社会组织第三方评估机制的建立，既离不开社会组织登记管理机关的观念角色转变，也离不开社会组织第三方评估机构自身的建设。从目前各地的实践情况和普遍的规律看，第三方评估机构的自身建设主要包括人才队伍建设、制度作风建设和信息公开建设几方面。

第一，推进第三方评估机构的人才队伍建设。坚实可靠的专业人才队伍是保证社会组织第三方评估工作质量的前提，随着社会组织数目的增多和社会组织评估工作的不断发展，对于专业人才的需求将会水涨船高，社会组织第三方评估机构一方面应当积极寻找吸纳相关专业人才，另一方面也要注意加强社会组织评估人才的培养工作，将人才输血和人才造血相结合，不断扩大专业人才队伍。

第二，加强第三方评估机构的制度作风建设。完备的工作制度和严谨的工作作风是保证社会组织第三方评估客观中立的重要条件，在社会组织登记管理机关加强有关管理制度建设的同时，第三方评估机构自身也要不断完善机构制度，一方面继承原有评估机构管理制度的必要内容，另一方面根据机构自身特点和评估新情况新形势丰富完善评估机制，同时严格依照评估标准和程序，按照制度要求严肃认真地做好社会组织评估工作。

第三，建立第三方评估机构的信息公开制度。信息公开是社会组织第三方评估公正透明的重要保障，是第三方评估机构得到政府、社会组织和社会舆论认可的生命线。建立第三方评估机构的信息公开制度，既要主动公布，注意收集整理保存与评估有关的各类信息，及时将有关情况向社会公布，提高评估工作透明度，又要接受监督，公开咨询电话，自觉接受评估对象和社会公众对评估工作的咨询和质疑。

案例五：中国石化采购和供应商管理平台——易派客案例

一、发展与背景

中国石油化工集团公司（Sinopec Group，以下简称中国石化）是1998年7月国家在原中国石油化工总公司基础上重组成立的特大型石油石化企业集团，是国家独资设立的国有公司、国家授权投资的机构和国家控股公司。公司注册资本2316亿元。公司主营业务范围包括：实业投资及投资管理；石油、天然气的勘探、开采、储运（含管道运输）、销售和综合利用；煤炭生产、销售、储存、运输；石油炼制；成品油储存、运输、批发和零售；石油化工、天然气化工、煤化工及其他化工产品的生产、销售、储存、运输；新能源、地热等能源产品的生产、销售、储存、运输；石油石化工程的勘探、设计、咨询、施工、安装；石油石化设备检修、维修；机电设备研发、制造与销售；电力、蒸汽、水务和工业气体的生产销售；技术、电子商务及信息、替代能源产品的研究、开发、应用、咨询服务；自营和代理有关商品和技术的进出口；对外工程承包、招标采购、劳务输出；国际化仓储与物流业务等。

中国石化是中国最大的成品油和石化产品供应商、第二大油气生产商，是世界第一大炼油公司、第二大化工公司，加油站总数位居世界第二。2011 年，《财富》世界 500 强企业中以 2.67 万亿美元的营收及 125.7 亿美元的利润位列第三位。

易派客是中国石化结合公司物资采购与供应实际建立的集采购、销售功能于一体的电商平台，于 2015 年 4 月 1 日正式上线。2016 年 4 月 18 日，“易派客”正式投入商业运营，启动“互联网 +”的运营模式。其是目前国内最大的工业产品互联网交易平台。

易派客是中国石化以工业品交易为核心的大型电商平台，是以集成以中国石化为核心企业的供应链巨量需求而打造的 SC2B 电商新模式。易派客的前身是建成于 2000 年的中国石化电子化采购系统，经过多次升级后，为如今的易派客电商平台奠定了坚实的基础。中国石化每年固定的资源需求总量超过 2000 亿元，横跨第二、第三产业，覆盖全国 96 个行业类别中的 66 个，每个行业背后都有一条供应链支撑。中国石化互联网生态圈的核心中间部是智能化生产、智能化制造，周边有电子商务系统、客户管理系统、供应链与物流系统、支付与金融系统和车联网等核心系统，共同建立起外部的生态环境。

易派客自 2016 年正式商业运营以来，交易量增长迅速，已发展成为我国最大的工业品采购电子商务平台。中国一重、三一重工、GE、ABB 等公司相继登录易派客开展第三方采购服务。截至 2007 年 6 月，平台注册供应商达到 3.6 万家、采购企业近 3800 家，累计成交额突破 1000 亿元。开辟了物流配送、招标代理、广告保险、供应链金融等增值服务，招标代理服务金额达到 4.4 亿元，帮助 188 家供应商成功融资 20.6 亿元。易派客国际业务平台的上线运行，标志着易派客平台服务已走出国门，将成为中国石化国际化经营和“一带一路”沿线国家工业品贸易的公共服务平台。

二、运行现状与特点

让“采购更专业”，中国石化集团公司物资装备部总经理王玉冰用这五个字道出了易派客价值的精髓。然而，易派客的价值精髓需要在保证品质的专业采购、依法合规的行家招标、尽职到位的管家服务、创新共赢的大家共享四个核心特点上来诠释。2015 年我国工业品的交易总额大约为 110 万亿元，商品零售交易总额约为 30 万亿。也就是说，“工业淘宝”瞄准的市场总盘子比淘宝网要大近四倍。“工业淘宝”投入商用以后，将帮助平台上的企业，通过在线交易方式降低采购成本，提高采购效率。而由易派客创新打造的“互联网 + 供应链”的电商新业态将助力我国供给侧改革，同时引领更多的传统产业完成产业升级（图 5）。

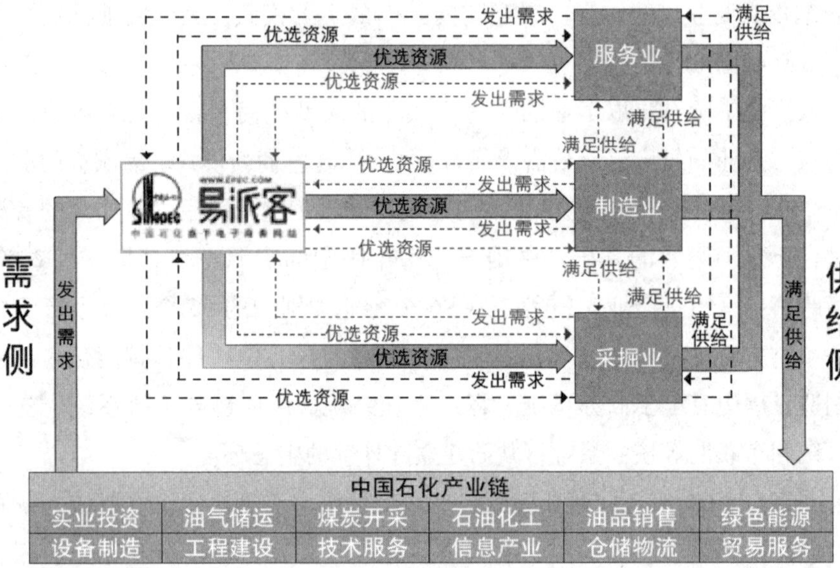

图 5　易派客贯穿产业链的工业电商定位模式

目前，易派客平台上有小到复印纸，大到各种大型钢管、设备。在超过 25 万种商品的基础上，还有分期分批将业已成熟的百万种商品上线。不要小看复印纸，在专业性上，它包涵了重量、厚度、平滑度、不透明度等 9 项技术指标。中国石化要通过技术评定，质量检验和供应商的评级，让产品达到标准。能做到这一点，中国石化背后有超过 15000 人采购专家队伍和 7500 人的资深评标专家团队。同时，中国石化是最早一批拥有中国发改委和商务部颁布的两个甲级招标资质的企业。补上互联网这一课，使得易派客有机会借助中国石化的专业能力，打造一个不同于消费品市场的工业品互联网交易平台。中国石化“互联网+电商”按照“大平台、大系统、大安全、大运维”的总体建设思路，建设统一的电子商务及客户关系管理平台。

过去企业是以内部管理为核心的经济化管理，而“互联网+”的商业本质是以客户为中心，通过数据驱动的运营，构建生态协同的商业体系。其实，“企业互联网+”就像为企业拆围墙。只不过，过去信息系统都是在企业内部中运行的，而现在把互联网加了进来。关注客户体验及客户需求，以客户为中心进行业务创新，通过信息流、物流、资金流及商流的合一驱动企业运营，去中介化，合作结盟、重塑商业生态体系（图 6）。

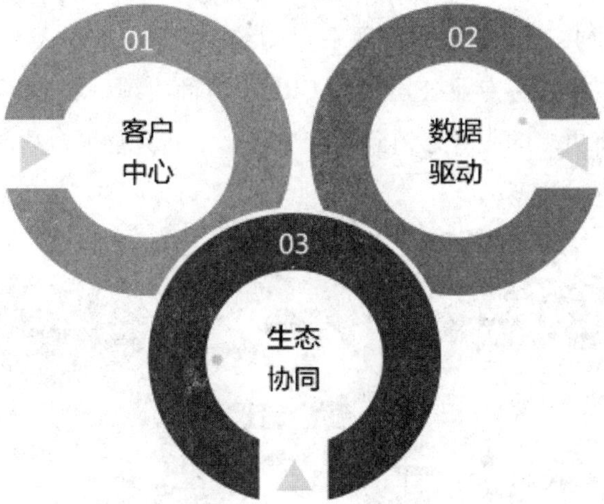

图 6　易派客互联网模式

（一）统一的管理服务平台（CMR）

统一平台中的中国石化统一了电子商务及客户关系管理。平台的建设涵盖 3 部分内容：以在线交易为核心的电子商务；以客户业务流程及价值识别为核心的 CRM；以呼叫服务为核心的客户服务系统。

CRM 是英文 Customer Relationship Management 的简写，一般译作“客户关系管理”。CRM 最早产生于美国，由 Gartner Group 首先提出的 CRM 这个概念的。20 世纪 90 年代以后伴随着互联网和电子商务的大潮，CRM 得到了迅速发展。不同的学者或商业机构对 CRM 的概念都有不同的看法。

概念的原创者认为，CRM 是一种商业策略，它按照客户的分类情况有效地组织企业资源，培养以客户为中心地经营行为及实施以客户为中心地业务流程，并以此为手段来提高企业赢利能力、利润及顾客满意度。

CRM 通过满足客户个性化的需要，提高客户忠诚度，实现缩短销售周期，降低销售成本，增加收入，拓展市场，全面提升企业赢利能力和竞争能力的目的。任何企业实施客户关系管理的初衷都是想为顾客创造更多的价值，即实现顾客与企业的“双赢”。

易派客采用最新的 IT 技术及“平台 + 应用”的设计理念，从按业务板块分散建立系统不断向“厚平台、薄应用”的方向发展。对客户关系管理平台进行顶层设计和规划，搭建共享服务层，实现平台的统一架构、统一数据库和数据共享，并基于共享服务层搭建各专业公司板块 CRM、电商、统一客服等各类应用。随着应用不断增多，将更多的服务移植到平台上来，不断完善平台功能（图 7）。

图 7　易派客 CRM 解决方案

（二）工业品电商解决方案

在原有的业务基础上，2014 年 12 月，易派客与阿里巴巴合作开展互联网应用。2015 年，形成一个工业品电商的团队，开发了一个工业品电商的案例。这个案例把中国石化在工业采购方面的经验进行提升，形成工业品电商的平台。2016 年 4 月 18 日，中国石化正式对外开放这个平台，包括 3 个部分：专业市场、电子超市、B2C。所有的应用基于共享服务层的 6 个服务。目标是将产业链上游各种资源进行整合，同时让采购商和供应商在平台进行交易，并提供相应的增值服务，扩展了新盈利模式（图 8）。

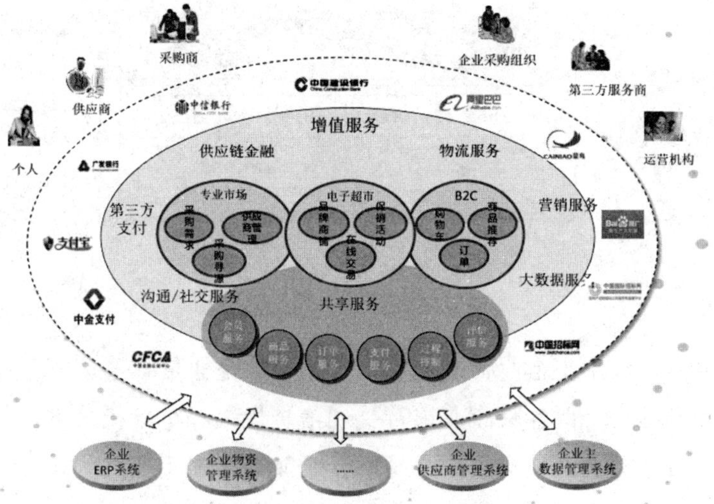

图 8　工业品电商的解决方案

易派客为供应商提供了一个可靠的供货来源。中国石化对于工业品采购方面有极强的议价能力，一般价格比外面最低价格还要便宜 20%。议价能力强，再加上专业的采购队伍，中国石化将社会企业利用其庞大的采购资源，降低采购成本、提高采购效率体现得淋漓尽致。

（三）供应链金融解决方案

随着社会化生产方式的不断深入，市场竞争已经从单一客户之间的竞争转变为供应链与供应链之间的竞争，同一供应链内部各方相互依存，“一荣俱荣、一损俱损”。与此同时，由于赊销已成为交易的主流方式，处于供应链中上游的供应商，很难通过“传统”的信贷方式获得银行的资金支持，而资金短缺又会直接导致后续环节的停滞，甚至出现“断链”。维护所在供应链的生存，提高供应链资金运作的效力，降低供应链整体的管理成本，已经成为各方积极探索的一个重要课题，因此，“供应链融资”系列金融产品应运而生（图9）。

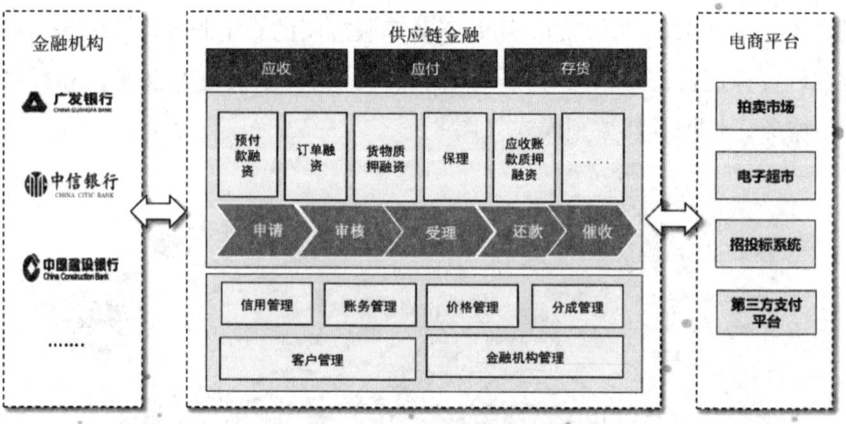

图9 供应链金融解决方案

从近几年国内中小企业融资比例来看，中小企业贷款增速高于大型企业贷款，需求不断提升。但各家商业银行受到信贷规模和审批模式的限制，可以发放的贷款额度十分有限，工业品交易平台既能够增强企业之间的互相信任，也稳定了一批客户，发展供应链金融业务具有很好的基础。目前，各大网络平台和大型企业都在依托自身供应链条，进行经营战略转型，纷纷将供应链金融作为转型的着力点和突破口之一。供应链管理已成为企业的生存支柱与利润源泉，几乎所有的企业管理者都认识到供应链管理对于企业战略举足轻重的作用。

（四）大数据平台

过去，企业获得大数据是很困难的，大数据分析和云计算很难找到切入点。现今，通过在阿里云平台上应用，把云计算和阿里云大数据客户分析放在里面，过去用传统企业套件要计算 20 多个小时的促销分析，现在 1 个小时内就可以解决（图 10）。

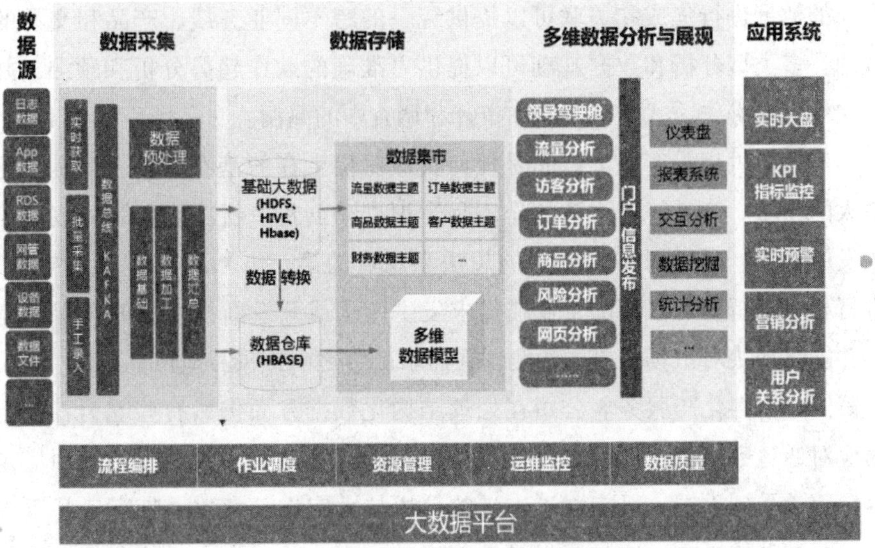

图 10 易派客大数据解决方案

第一，积极主动与预测需求。企业机构面临着越来越大的竞争压力，它们不仅需要获取客户，还要了解客户的需求，以便提升客户体验，并发展长久的关系。客户通过分享数据，降低数据使用的隐私级别，期望企业能够了解他们，形成相应的互动，并在所有的接触点提供无缝体验。为此，企业需要识别客户的多个标识符（如手机、电子邮件和地址），并将其整合为一个单独的客户 ID。由于客户越来越多地使用多个渠道与企业互动，为此需要整合传统数据源和数字数据源来理解客户的行为。此外，企业也需要提供情境相关的实时体验，这也是客户的期望。

第二，缓冲风险与减少欺诈。安全和欺诈分析旨在保护所有物理、财务和知识资产免受内部和外部威胁的滥用。高效的数据和分析能力将确保最佳的欺诈预防水平，提升整个企业机构的安全；威慑需要建立有效的机制，以便企业快速检测并预测欺诈活动，同时识别和跟踪肇事者。将统计、网络、路径和大数据方法论用于带来警报的预测性欺诈倾向模型，将确保在被实时威胁检测流程触发后能够及时做出响应，并自动发出警报和做出相应的处理。数据管理及高效和透明的欺诈事件报告机制将有助于改进欺诈风险管理流程。此外，对整个企业的数据进行集成和关联可以提供统一的跨不同业务线、产品和交易的欺诈视图。多类型分析和数据基础可以提供更准确的欺诈趋势分析和预测，并预测未来的潜在操作方式，确定欺诈审计和调查中的漏洞。

第三，提供相关产品。产品是任何企业机构生存的基石，也通常是企业投入最大的领域。产品管理团队的作用是辨识推动创新、新功能和服务战略路线图的发展趋势。通过对个人公布的想法和观点的第三方数据源进行有效整理，再进行相应分析，可以帮助企业在需求发生变化或开发新技术的时候保持竞争力，并能够加快对市场需求的预测，在需求产生之前提供相应产品。

第四，个性化与服务。公司在处理结构化数据方面仍然有些吃力，并需要快速应对通过数字技术进行客户交互所带来的不稳定性。要做出实时回应，并让客户感觉受到重视，只能通过先进的分析技术实现。大数据带来了基于客户个性进行互动的机会。这是通过理解客户的态度，并考虑实时位置等因素，从而在多渠道的服务环境中带来个性化关注实现的。

第五，优化与改善客户体验。运营管理不善可能会导致无数重大的问题，这包括面临损害客户体验，最终降低品牌忠诚度的重大风险。通过在流程设计和控制，以及在商品或服务生产中的业务运营优化中应用分析技术，可以提升满足客户期望的有效性和效率，并实现卓越的运营。通过部署先进的分析技术，可以提高现场运营活动的生产力和效率，并能够根据业务和客户需求优化组织人力安排。数据和分析的最佳化使用可以带来端对端的视图，并能够对关键运营指标进行衡量，从而确保持续不断的改进

三、评价分析

易派客平台目前共有网站门户、电子超市、专业市场、易生活、供应链金

融、运营后台、移动应用、大数据8个网站应用，共79个模块，并且提供会员中心、商品中心、订单中心、搜索中心、支付中心、集成中心6个共享服务。该平台还与ERP、ES 5.0、MDM、供应商管理、BM、BCS、银行、第三方支付、第三方物流9个内外部系统集成。外部企业也可以通过这个平台进行采购。物资采购的核心是专家采购、行家运营、管家服务，通过这个平台打造一个企业内部供应链与企业外的供应商结合的系统。除此以外，还有化工品销售电商和润滑油的电商。不同方向的深入尝试得到了宝贵的实践经验和收获。

基于统一的共享服务平台，搭建不同板块、不同业务类型的应用，可以实现以下经验。

（一）统一化的第三方平台使信用管理效率提升，成本降低

统一平台建立后，首先，中国石化统一电子商务及客户关系管理平台，支持各板块电子商务、CRM及其他企业应用。其次，探索标准一致化，形成数据标准、技术标准、集成标准及安全标准，规范技术开发。再次，探索信息共享，实现集团层面客户、供应商、基础数据、大数据分析等信息共享，为电子商务、车联网、O2O等新业务提供信息支持。最后，形成专业特色，各业务板块基于平台进行专业特色的应用建设。

中国石化具有33年资源需求的积累和巨大的产业覆盖率，再加上15年信息化技术的应用，让易派客有能力和条件尝试达到建立最专业的工业互联网交易平台这个目标。基于统一管理的第三方信用平台建设将逐步展现出其在管理效率上的巨大提升。

另外，统一进行安全防控，统一进行硬件、运维服务、故障处理的管理，避免资源重复配置；统一进行业务监控和风控预警，降低了业务风险；统一基础数据，保证基础数据一致性和准确性，为打通业务环节做好准备。云平台保证了系统的稳定性和可扩展性；大大降低了管理成本（图11）。

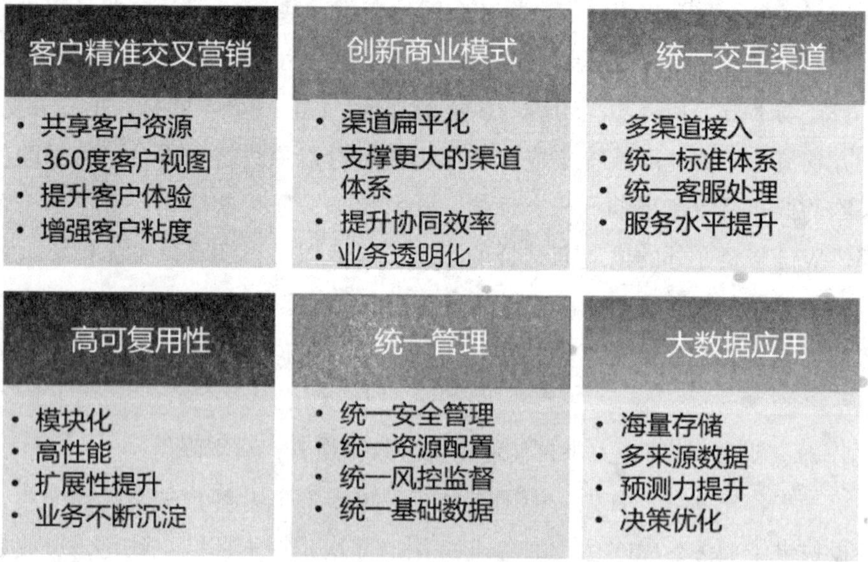

图11 易派客互联网信用管理平台优势

（二）整合第三方平台信用的供应链金融探索

供应链金融对平台的价值有以下两点。一是供应链金融实现互利共赢。在供应链金融模式下，跳出单个企业的局限，站在产业供应链的全局和高度，向所有成员的企业进行融资安排，通过中小企业与核心企业的资信捆绑来提供授信。二是供应链金融能够降低资本消耗。根据巴塞尔资本协议有关规定，贸易融资项下风险权重仅为一般信贷业务的20%。供应链金融涵盖传统授信业务、贸易融资、电子化金融工具等，为银行拓展中间业务增长提供较大空间。

供应链金融是依托第三方平台，为采购方、供应商提供基于交易及信用体系的供应链金融服务，包括应收、应付及存货类融资服务。因为有了供应链，对供应链上的数据进行管理，提供银行的贷款服务和保险公司的保险，这样，对于一些中小型的采购商提供方便，也增加了平台盈利点。

（三）整合第三方平台信用数据后的强延伸性

首先，通过第三方平台信用进行风险缓冲和防欺诈管理。在第三方信用介入的环境下，建立交易双方的互信机制，并通过数据完善第三方信用的风险缓冲和反欺诈模式，已达到提升自身管理水平和效率的目的。其次，通过信息交互和分析，预测平台交易方行为，提升服务水平。数据带来了基于客户个性进行互动的机会。这是通过理解客户的态度，并考虑实时位置等因素，从而在多渠道的服务环境中带来个性化关注实现的。最后，基于数据规模的不断提升，从为单个企业的服务开始，向整个行业甚至多个行业的联动进行分析比较，为行业的整体发展方向和趋势提供参考。

整体来看，基于云平台和互联网应用架构基础上的内部供应商信用管理平台的外部拓展为自身供应链上的企业提供了一个方便的采购解决方案和拓展服务。同时，也为平台在其他行业的拓展提供了良好的支持标准和拓展方式。易派客在工业品交易上的信用创新尝试是有益的，值得思考和学习。

参考文献、政策文件

中文文献

【1】吴晶妹、韩家平：《信用管理学》，高等教育出版社2015年版。

【2】吴晶妹、林钧跃：《信用经济学》，高等教育出版社2015年版。

【3】魏丽、满博宁：《信用风险度量》，高等教育出版社2015年版。

【4】关伟、王子良：《金融机构信用管理》，高等教育出版社2015年版。

【5】关伟：《企业信用管理》，中国人民大学出版社2009年版。

【6】魏文静：《企业信用管理》，高等教育出版社2015年版。

【7】关建中：《信用思想选集》，人民日报出版社2017年版。

【8】李新庚：《社会信用体系运行机制研究》，中国社会出版社2017年版。

【9】李锋：《社会主体信用奖惩机制研究》，中国社会科学出版社2017年版。

【10】吴维海、张晓丽：《大国信用全球视野的中国社会信用体系》，中国计划出版社2017年版。

【11】王建忠、柳士明：《会计发展史》，东北财经大学出版社2017年版。

【12】朱国华：《行业协会信用能力制度案例研究知识产权的视角》，同济大学出版社2017年版。

【13】何平平、李云月：《大数据金融与征信》，清华大学出版社2017年版。

【14】王怀勇：《中国农村信用制度建设研究》，法律出版社2017年版。

【15】徐家良、程坤鹏：《中国社会组织评估发展报告（2016）》，中国社会组织2017年版。

【16】刘新海：《征信与大数据：移动互联时代如何重塑“信用体系”》，中信出版社 2016 年版。

【17】王文成：《公务员选拔考试信用制度建设研究》，科学出版社 2016 年版。

【18】《政府信用融资研究》课题组：《政府信用融资研究》，中国金融出版社 2016 年版。

【19】本标准编写委员会：《建筑市场主体信用评价标准》，中国财政经济出版社 2016 年版。

【20】姜宏锋：《采购 4.0：采购系统升级、降本、增效实用指南》，机械工业出版社 2016 年版。

【21】王建红：《信用的起源基于复杂性及其简化理论的研究》，经济科学出版社 2016 年版。

【22】阿尔库比拉 德尔瑞（Alcubilla，Raquel Garcia）著、高汉译：《欧洲对信用评级机构的监管从宽松到严格》，化学工业出版社 2016 年版。

【23】高杰英：《信用评级理论与实务》，中国金融出版社 2016 年版。

【24】刘肖原：《我国社会信用体系建设问题研究》，知识产权出版社 2016 年版。

【25】毛道维：《中国社会信用制度体系建设及其次序研究》，中国金融出版社 2015 年版。

【26】刘定平、洪玫：《信用评级》，高等教育出版社 2015 年版。

【27】王晓明：《征信体系构建制度选择与发展路径》，中国金融出版社 2015 年版。

【28】应思思：《经济系统的结构：中介系统及其影响研究》，知识产权出版社 2015 年版。

【29】袁毅军、董琨：《经济中介组织发展研究》，科学出版社 2014 年版。

【30】展西亮：《信用工程论》，中国金融出版社 2013 年版。

【31】吴晶妹：《三维信用论》，当代中国出版社 2013 年版。

【32】林钧跃：《中国社会信用体系模式探索》，中国方正出版社 2012 年版。

【33】吴晶妹、林钧跃：《城市信用体系设计》，中国方正出版社 2012 年版。

【34】林钧跃：《信用经济学概论》，中国方正出版社 2012 年版。

【35】王广谦：《金融中介学》，高等教育出版社 2011 年版。

【36】陈德权：《社会中介组织管理概论》，东北大学出版社 2010 年版。

【37】马立：《中介组织与社会运行》，上海交通大学出版社 2010 年版。

【38】郭蓓勋：《中介组织理论与务实》，山东人民出版社 2009 年版。

【39】陈建中：《社会信用管理体系建设构想》，中国经济出版社 2009 年版。

【40】车耳：《信用制度深度透析》，人民邮电出版社 2009 年版。

【41】焦国成：《中国社会信用体系建设的理论与实践》，中国人民大学出版社 2009 年版。

【42】吴晶妹：《现代信用学》，中国人民大学出版社 2009 年版。

【43】李晓安：《信用之路：我国信用治理的经济学研究》，经济管理出版社出版的图书 2008 年版。

【44】郭生祥：《信用中国：中国如何定价世界和自己》，中国方正出版社 2007 年版。

【45】林钧跃：《社会信用体系原理》，中国方正出版社 2002 年版。

【46】李琦、罗炜、谷仕平：《企业信用评级与盈余管理》，载《经济研究》2011 年第 2 期，第 88－89 页。

【47】寇宗来、盘宇章、刘学悦：《中国的信用评级真的影响发债成本吗?》，载《金融研究》2015 年第 10 期，第 81－98 页。

【48】王雄元、张春强：《声誉机制、信用评级与中期票据融资成本》，载《金融研究》2013 年第 8 期，第 150－164 页。

【49】何平、金梦：《信用评级在中国债券市场的影响力》，载《金融研究》2010 年第 4 期，第 15－28 页。

【50】吴晶妹、薛凡：《吴氏三维信用理论在科技信用评价中的应用》，载《科学管理研究》2016 年第 3 期，第 37－40 页。

【51】吴晶妹：《从信用的内涵与构成看大数据征信》，载《首都师范大学学报（社会科学版）》2015 年第 6 期，第 66－72 页。

【52】孔婷：《征信业发展国际经验及借鉴启示》，载《征信》2016 年第 9 期。

【53】程民选、李晓红：《社会信用协同治理：制度、技术与文化》，载《华东师范大学学报（哲学社会科学版）》2015 年第 3 期，第 26－31 页。

【54】吴晶妹、关伟等：《信用不良，可能遭遇“一票否决”》，载《人民日报》2014 年 8 月 25 日。

【55】杨园园：《个人信用体系的建立对道德行为选择的影响》，载《知识经济》2017 年第 16 期，第 73－75 页。

【56】谢一奇：《作为治理工具的社会信用体系建设》，南京大学硕士学位毕业论文，2017 年。

【57】曾光辉：《促进我国信用服务业发展的思路研究》，载《现代经济信息》2016 年第 10 期，第 360－363 页。

【58】徐家良：《社会组织评估工作的突破与困境——〈中国社会组织评估发展报告（2015）〉评析》，载《中国社会组织》2016 年第 3 期。

【59】章政：《互联网领域的信用监管亟待加强》，载《中国经济周刊》2015 年第 17 期，第 24－25 页。

【60】詹成付：《双管齐下合力推进社会组织第三方评估》，载《中国社会组织》2015 年第 10 期，第 8－9 页。

【61】简贵蓉：《现代会计师事务所职能定位及发展方向探讨》，载《财经纵横》2014 年第 18 期，第 185－187 页。

【62】刘晓彬：《经济转型期我国市场中介组织改革路径》，载《经济体制改革》2009 年第 3 期，第 175－177 页。

【63】张展：《中国市场中介组织的历史演进与展望》，载《商场现代化》2005 年第 12 期，第 165－166 页。

【64】[80] 杨太康：《市场经济条件下市场中介的本质及其经济学分析》，载《西安邮电大学学报》2003 年第 8 期，第 51－53 页。

【65】焦国成：《关于诚信的伦理学思考》，载《中国人民大学学报》2002 年第 5 期，第 2－7 页。

【66】吴汉东：《论信用权》，载《法学》2001 年第 1 期，第 41－48 页。

【67】林钧跃：《社会信用体系理论的传承脉络与创新》，载《征信》2012 年第 1 期，第 1－12 页。

外文文献

[1] Christian C. , Marcus M. , Milton Harris. Rating Agency in the Face of Regulation Rating Inflation and Regulatory Arbitrage: http: //papers. Ssrn. com/ sol3/ papers. cfm? abstract_ id = 1540099, 2011 - 07 - 18.

[2] Kumpan Chistoph, Patrick C. Leyens. Conflicts of Interest of Financial Intermediaries - Towards a Global Common Core in conflicts of Interest Regulation. European Company and Financial Law Review, 2008.

[3] Crokett Andrew, ed. , Conflicts of Interest in the Financial Servieces Industry : What Should We Do About Them? . Geneva: International Centre for Monetary and Banking Studies; London: Centre for Economic Policy Research, 2004. 5.

[4] Davis Michael, Stark Andrew. *Conflicts of interests in the professions.* New York: Oxford University Press, 2001.

[5] Vogt, Janos Barta. The Making of Tests for Index Number: Mathematical Methods of Descriptive Statistics, Physica-Verlag, 2001.

[6] Bert Scholten, Dick Van Wensveen. A Critique on the Theory of Financial Intermediation, Journal of Banking & Finance, 1999: 24 - 28.

[7] Franklin Allen, Antony Santomero. The Theory of Financial Intermediation, Journal of Banking & Finance, 1997.

相关政策文件

《政务信息资源目录编制指南（试行）》2017 年 6 月发改委

《民政部关于探索建立社会组织第三方评估机制的指导意见》2015 年 5 月

《关于对税务等领域信用 A 级食品药品生产经营者实施联合激励的措施》2017 年 2 月

《关于加强交通出行领域信用建设的指导意见》2017 年 1 月发改委

《国家教育事业发展“十三五”规划》2017 年 1 月国务院

《国务院办公厅关于加强个人诚信体系建设的指导意见》2016 年 12 月国务院

《国务院关于加强政务诚信建设的指导意见》2016 年 12 月国务院

《关于全面加强电子商务领域诚信建设的指导意见》2016 年 12 月，中央全面深化改革领导小组

《政务信息资源共享管理暂行办法》2016 年 9 月国务院

《关于加快推进失信被执行人信用监督、警示和惩戒机制建设的意见》2016 年 9 月中共中央办公厅、国务院办公厅

《推进“互联网 + 政务服务”开展信息惠民试点实施方案》2016 年 4 月

《食品药品监管总局关于推进食品药品安全信用体系建设的指导意见》2015 年 11 月

《关于我国物流业信用体系建设的指导意见》2014 年 11 月发改委、交通运输部、商务部等

《金融信用信息基础数据库用户管理规范》2014 年 11 月中国人民银行

《征信机构信息安全规范》2014 年 11 月中国人民银行

《社会信用体系建设规划纲要（2014—2020 年）》国发〔2014〕21 号

《企业信息公示暂行条例》2014 年 10 月国务院

《社会信用体系建设规划纲要》2014 年 6 月国务院

《最高人民法院关于公布失信被执行人名单信息的若干规定》2013 年 7 月最高人民法院

《关于在行政管理事项中使用信用记录和信用报告的若干意见的通知》2013 年 5 月，国家发改委、人民银行、中央编办

《征信业管理条例》2013年1月国务院

《国家发展改革委办公厅关于加强企业发债过程中信用建设的通知》2012年10月国家发改委

《关于进一步加强药品安全信用体系建设工作的指导意见》2012年9月国家发改委

《关于深化流通体制改革、加快流通产业发展的意见》2012年8日国务院

《关于促进电子商务健康快速发展有关工作的通知》2012年2月国家发改委、财政部、商务部等

《商务部关于“十二五”期间加强商务领域信用建设的指导意见》2011年商务部

《中华人民共和国政府信息公开条例》2007年4月国务院

《国务院办公厅关于社会信用体系建设的若干意见》2007年3月国务院办公厅

《国民经济和社会发展第十一个五年规划》2006年3月

《中国人民银行信用评级管理指导意见》2006年3月中国人民银行

《关于跨省区或规模较大的中小企业信用担保机构设立与变更有关事项的通知》2005年7月发改委

《个人信用信息基础数据库管理暂行办法》2005年6月中国人民银行

《政府工作报告》，第十届二次会议2004年3月

《关于完善社会主义市场经济体制若干问题的决定》2003年10月中国共产党第十六届中央委员

中共十六大报告2002年11月

《深圳市企业信用征信和评估管理办法》2002年11月深圳市人大

《中小企业促进法》2002年6月人大常委会

《企业商业信用等级评价管理办法》2012年12月国资委商业信用中心

《企业信用信息管理办法》2012年12月国资委商业信用中心

《深圳市个人信用征信及信用评级管理办法》2001年11月深圳市政府

《甘肃省人民政府关于加强中小企业信用管理工作建立中小企业信用体系的意见》2001年6月

《关于加强中小企业信用管理工作的若干意见》2001 年 4 月国家经贸委、国家工商总局等十部委

《关于整顿和规范市场经济秩序的决定》2001 年 4 月国务院

《国民经济和社会发展第十个五年计划纲要》2001 年 3 月

《关于鼓励和促进中小企业发展的若干政策意见》2000 年 08 月

《关于建立中小企业信用担保体系试点的指导意见》1999 年 6 月

《银行信贷登记咨询制度管理办法》

后　记

随着中国改革开放不断前行，学习、引进世界先进科学技术，借鉴发达国家市场经济的理论、原理机制与实践探索，推进创新中国特色社会主义现代经济伟大工程的强国之路已跨入第40个年头。信用是市场经济的基石，信用管理从金融范畴扩大到经济领域，又延展至社会管理及国家治理，这是中国社会信用体系建设进程的新时代特征，也是中国人民大学“大信用”学科教学研究及其理论概括、抽象凝练、学术创新的实践基础。

在中国人民大学财政金融学院信用管理研究中心、国资委商业信用中心的支持下，我们“第三方信用研究”课题组在课题研究的基础上，由关伟教授主持并提出本书的写作大纲。商业信用中心袁星煜，科研助理、博士生周泽伽组织协调课题组成员博士生何超、杨燕及冯彩虹、杨淑华、郑金花、关一濛、程琼慰、俞立、杨城弟等分头收集整理书目文献资料，并在有限时间内通力撰写完成书稿。最后，由关伟教授通读定稿。

中国人民大学财政金融学院
中国人民大学信用管理研究中心
“第三方信用研究”课题组
2018年1月10日于明德主楼823室